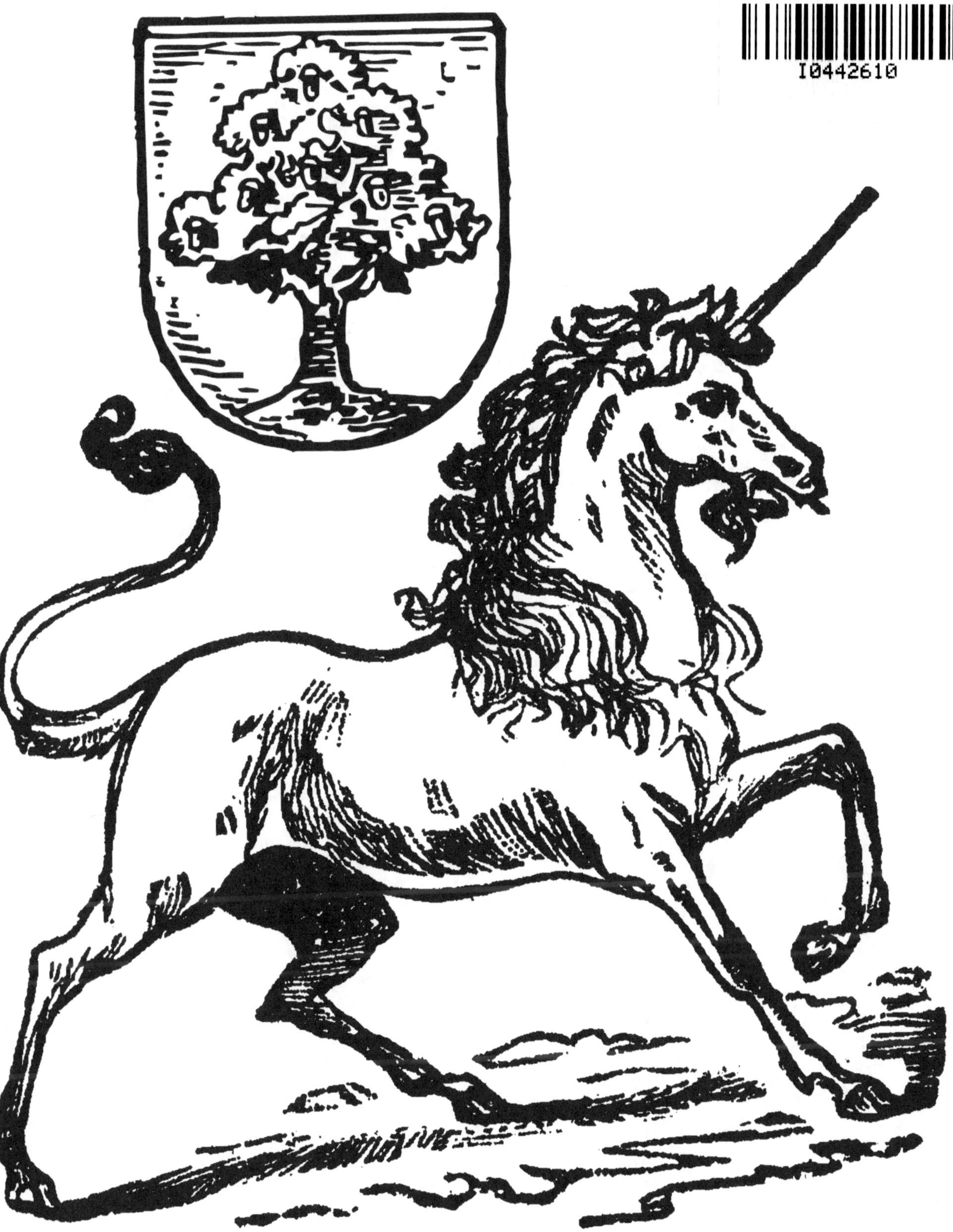

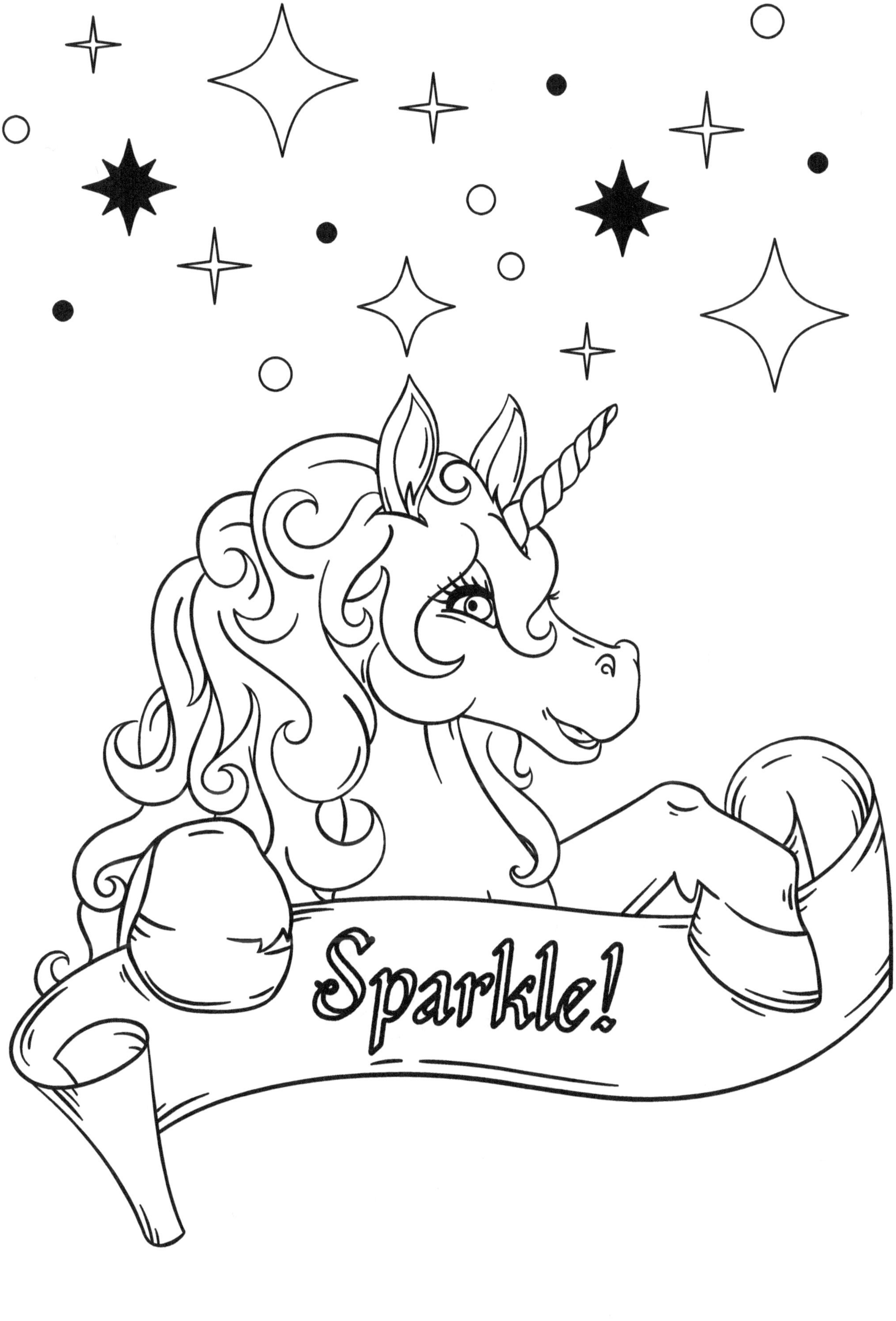
Sparkle!

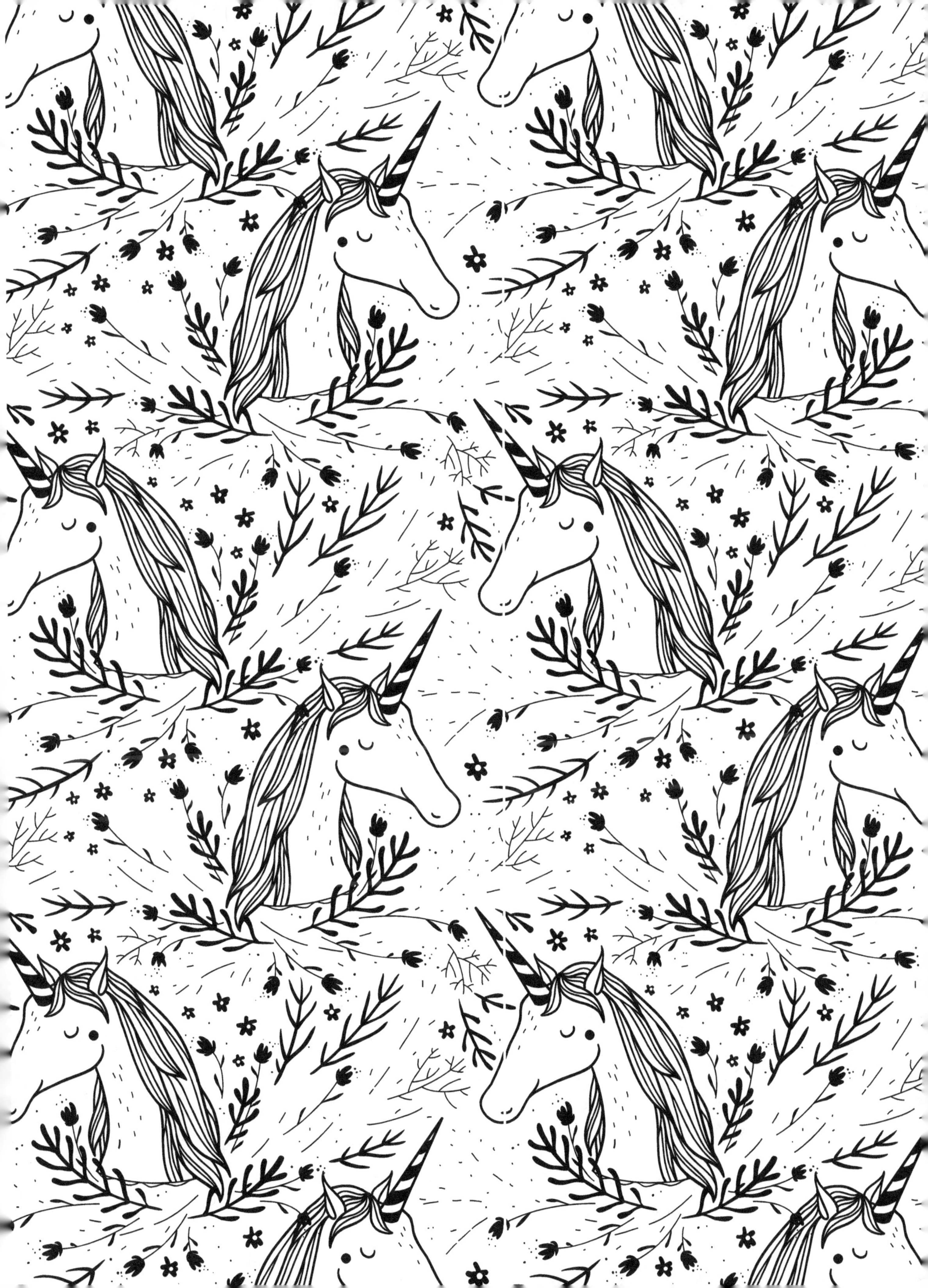

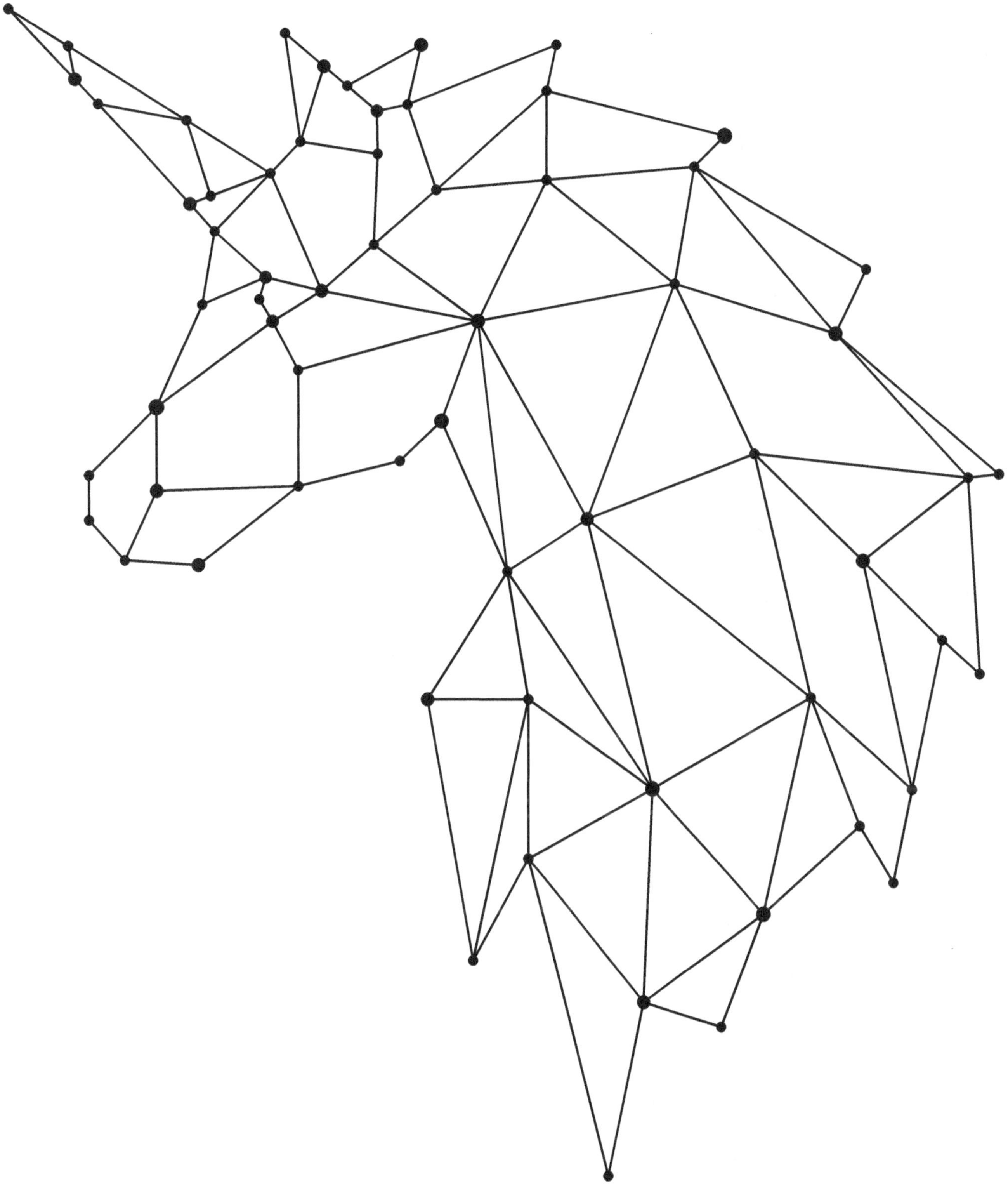

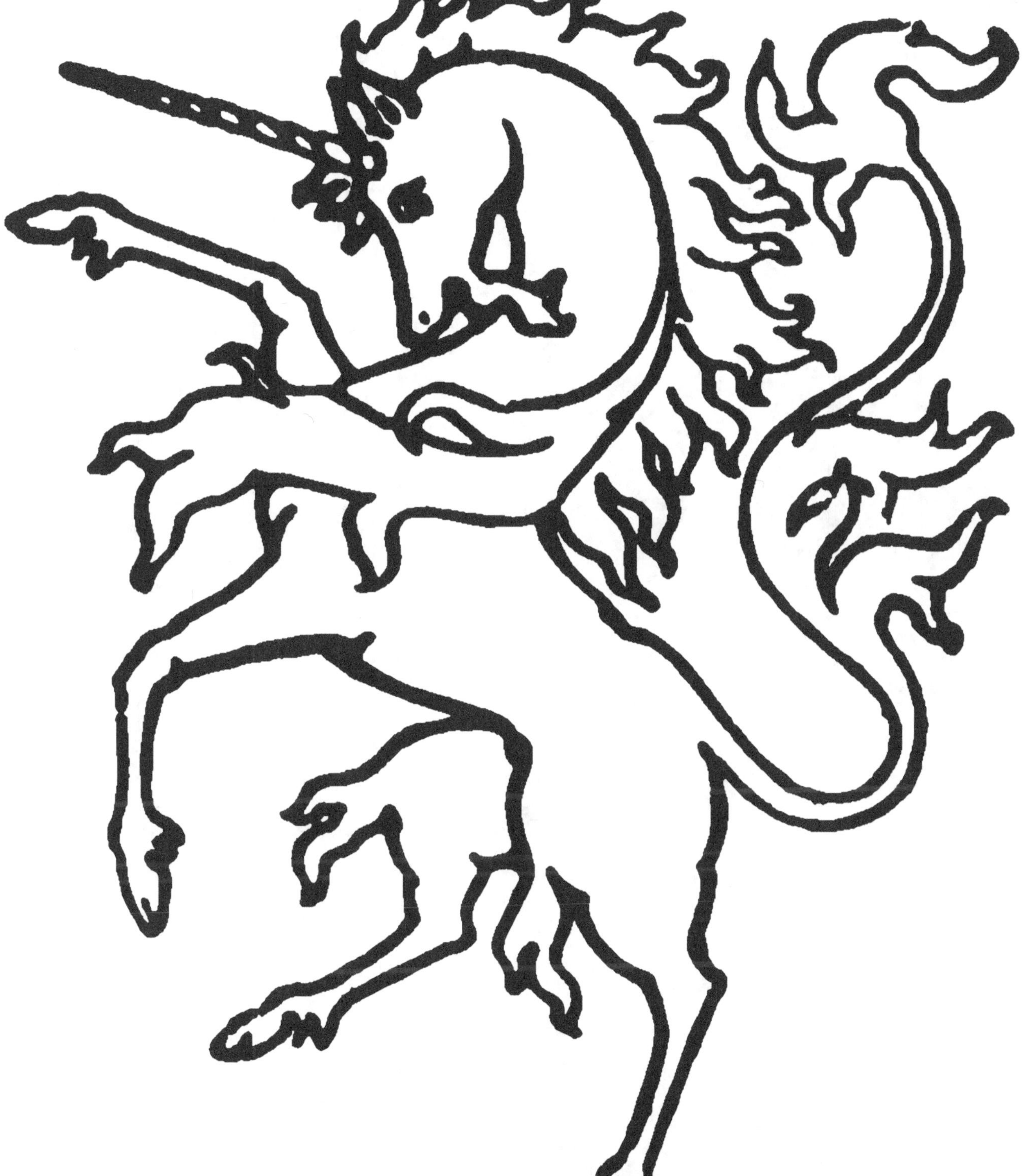

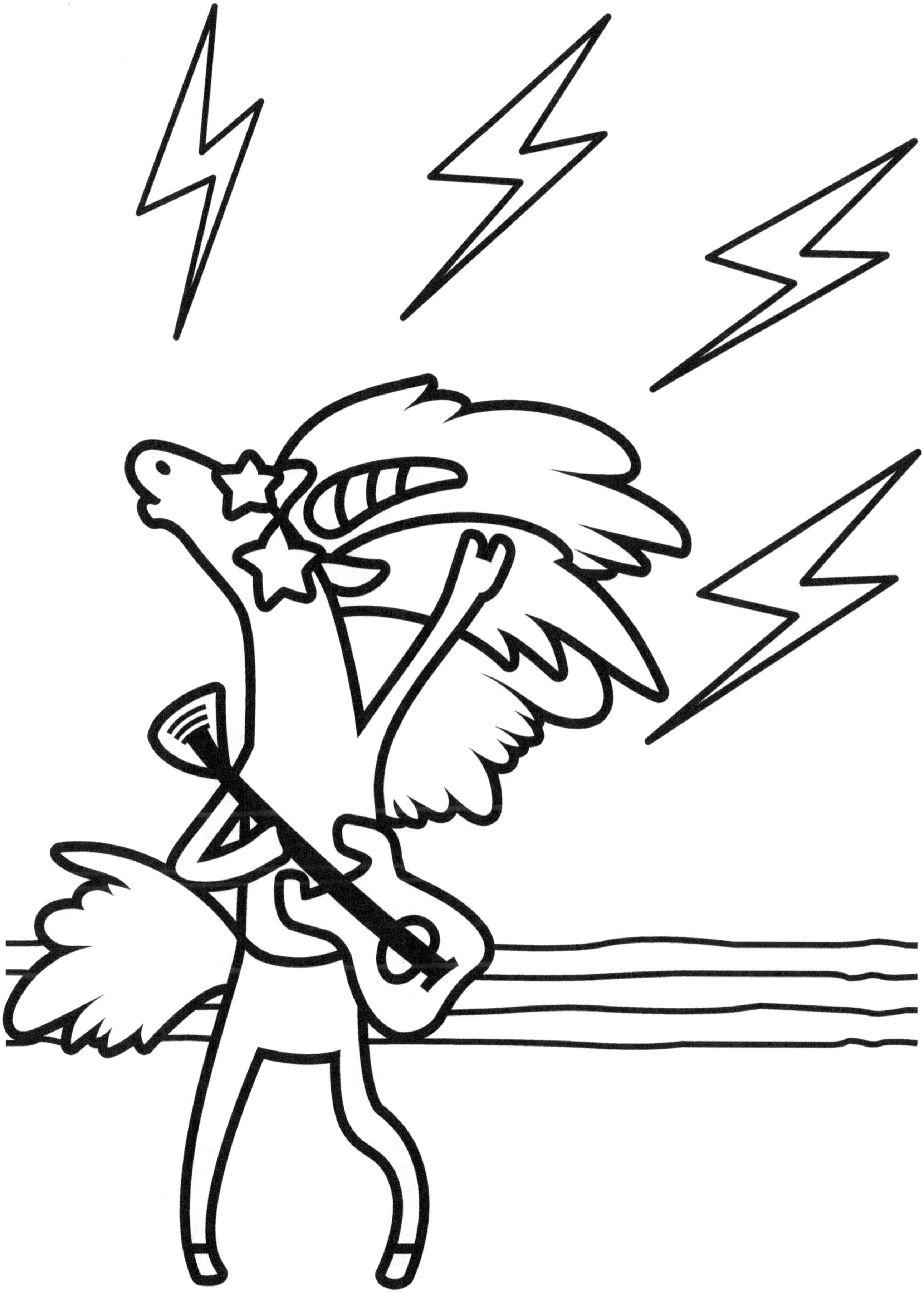

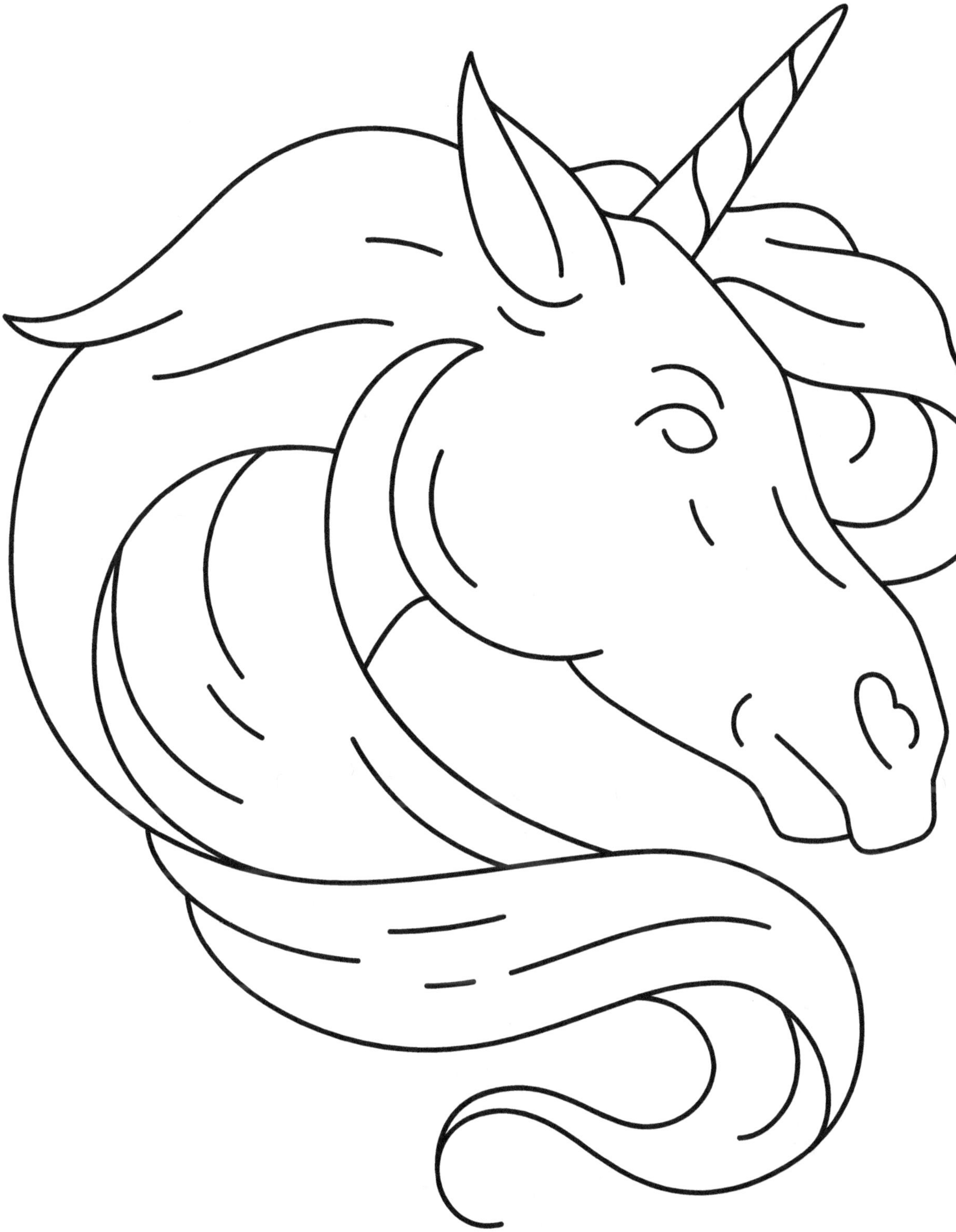

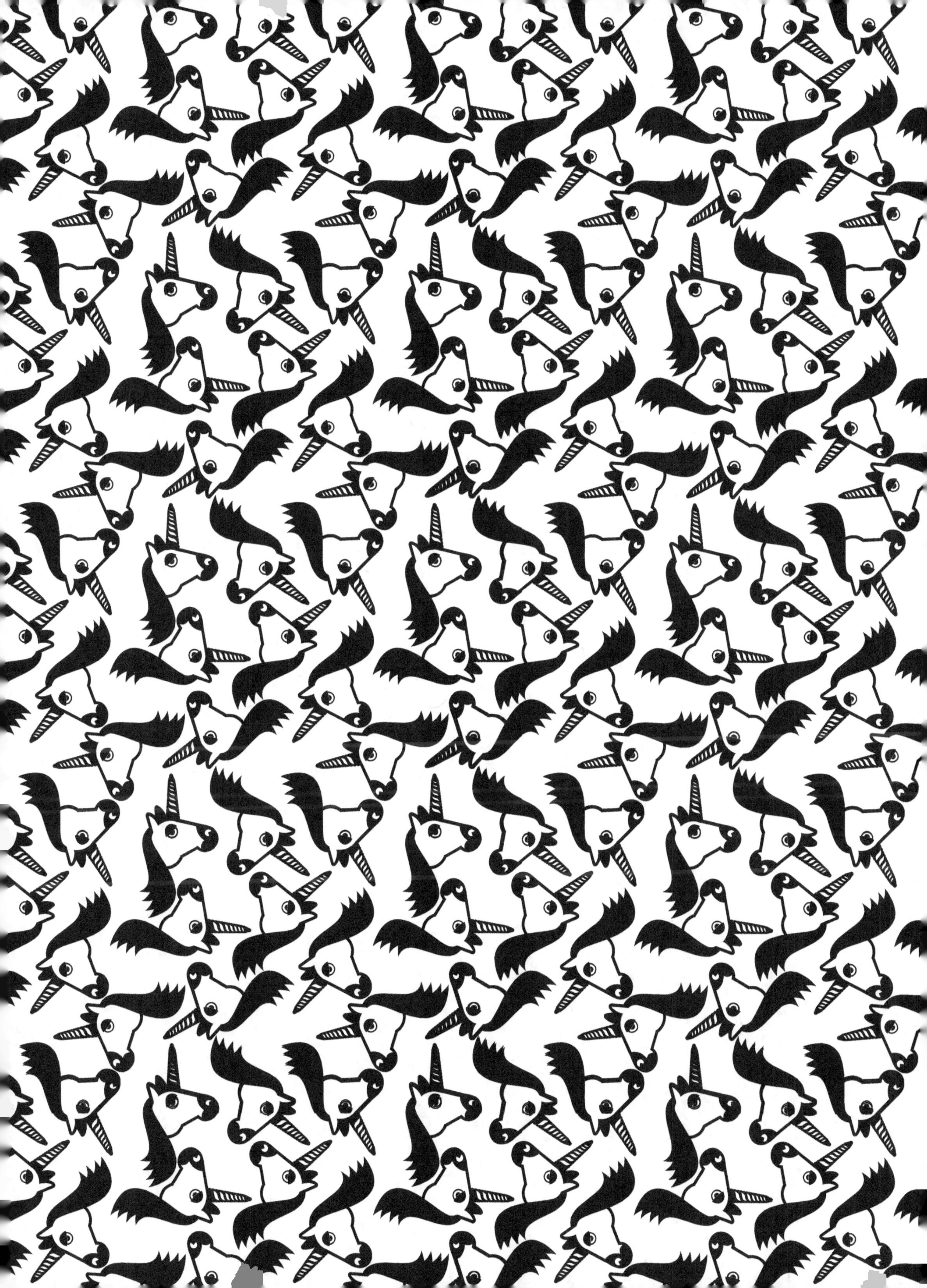

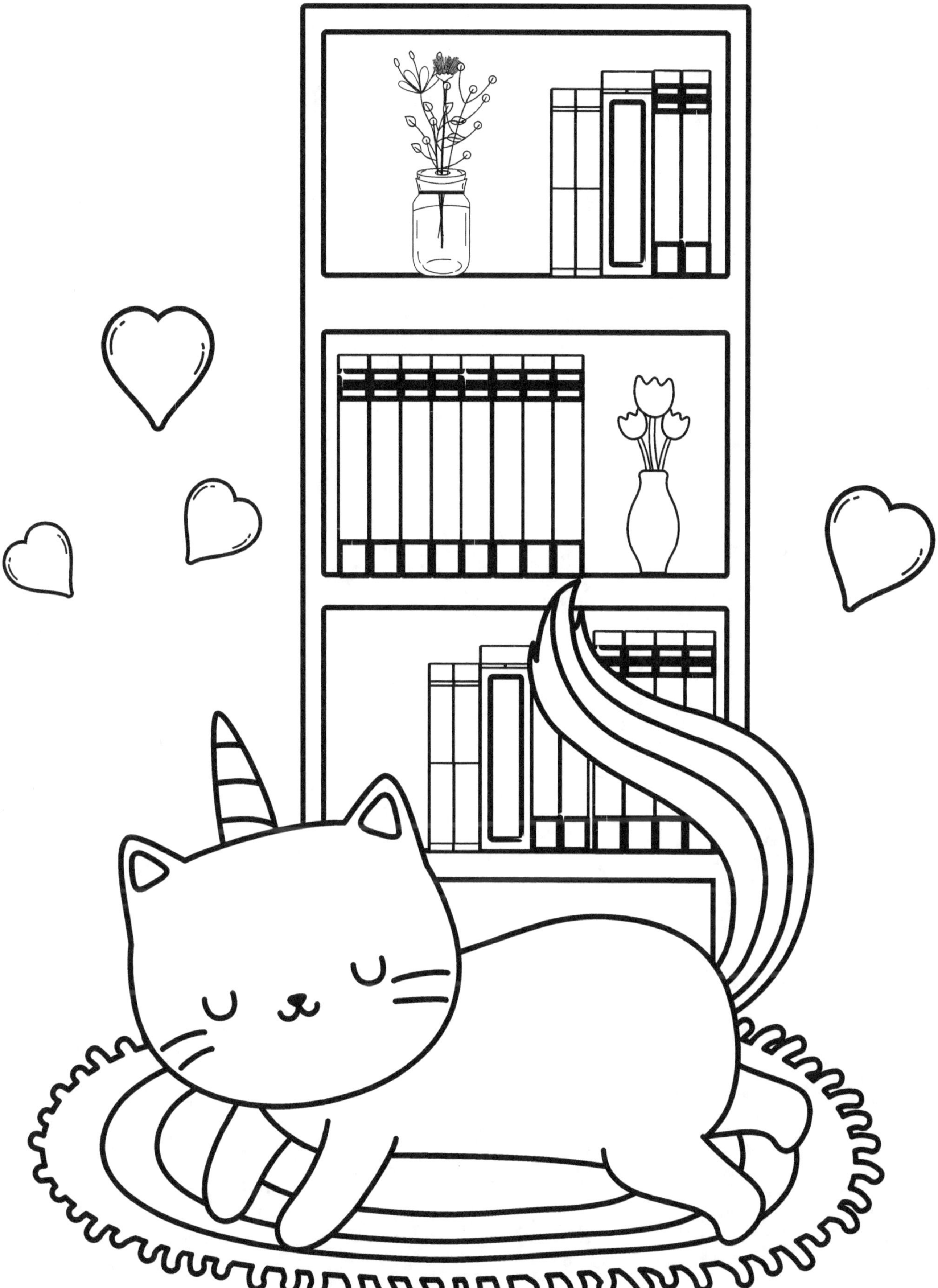

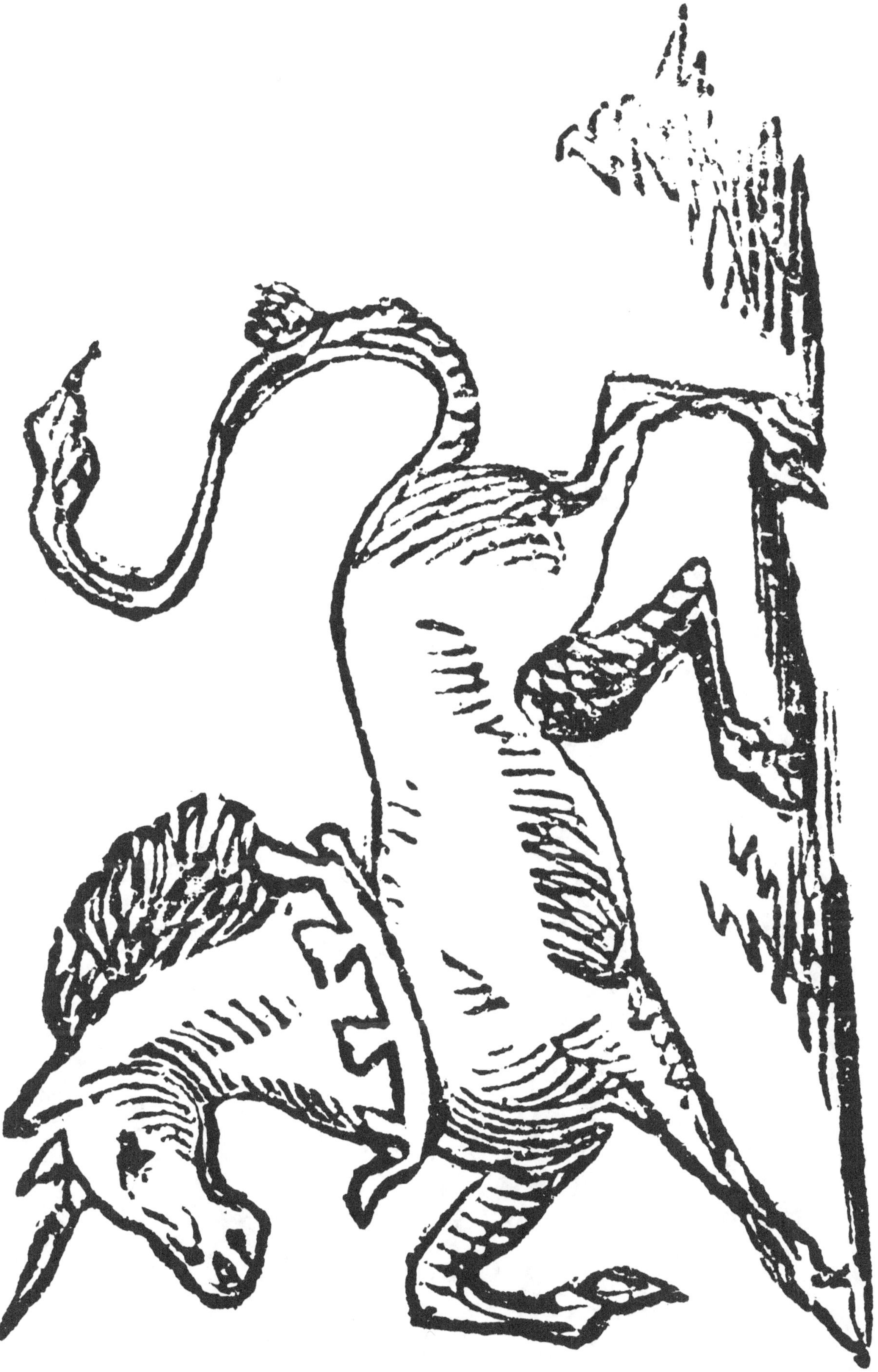

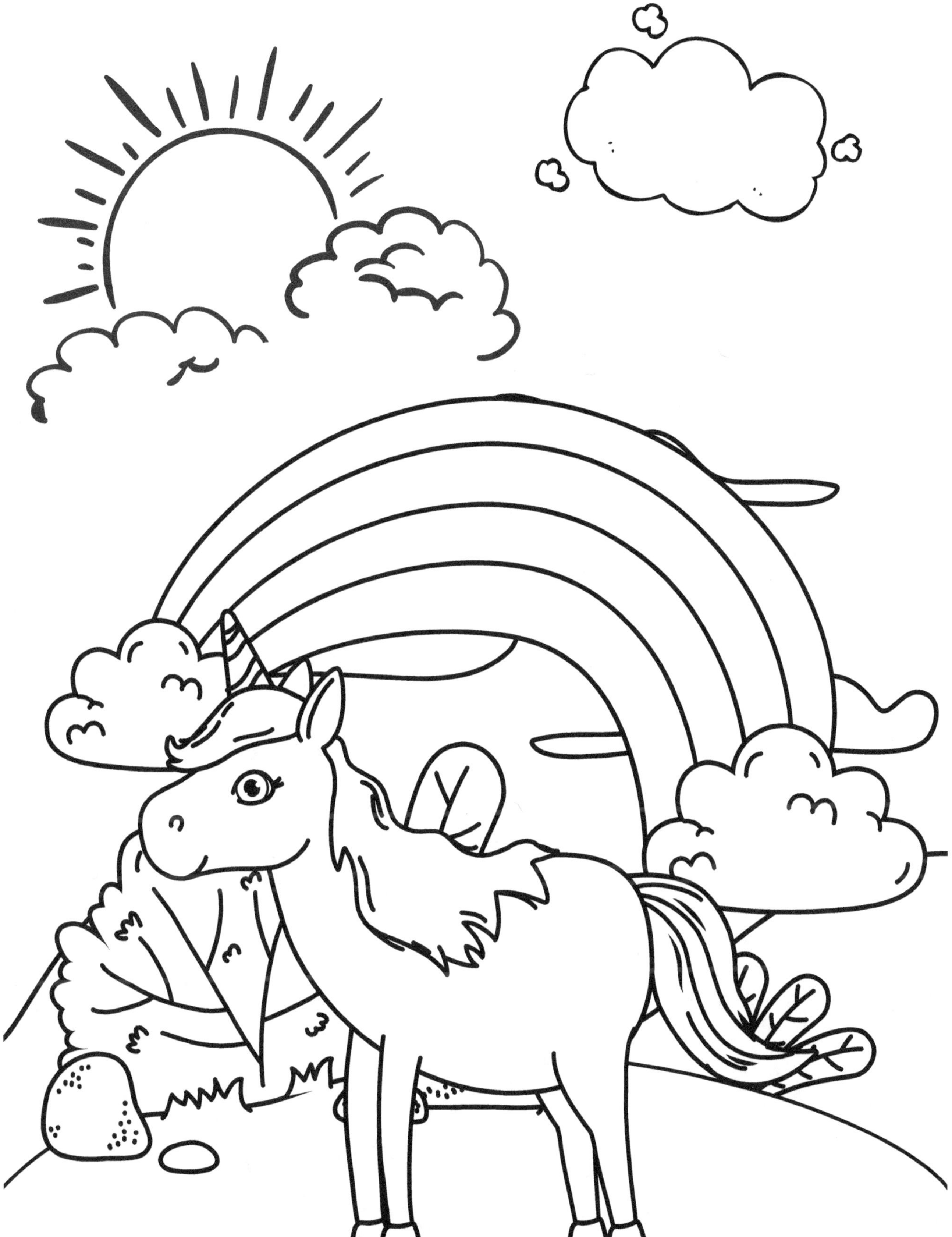

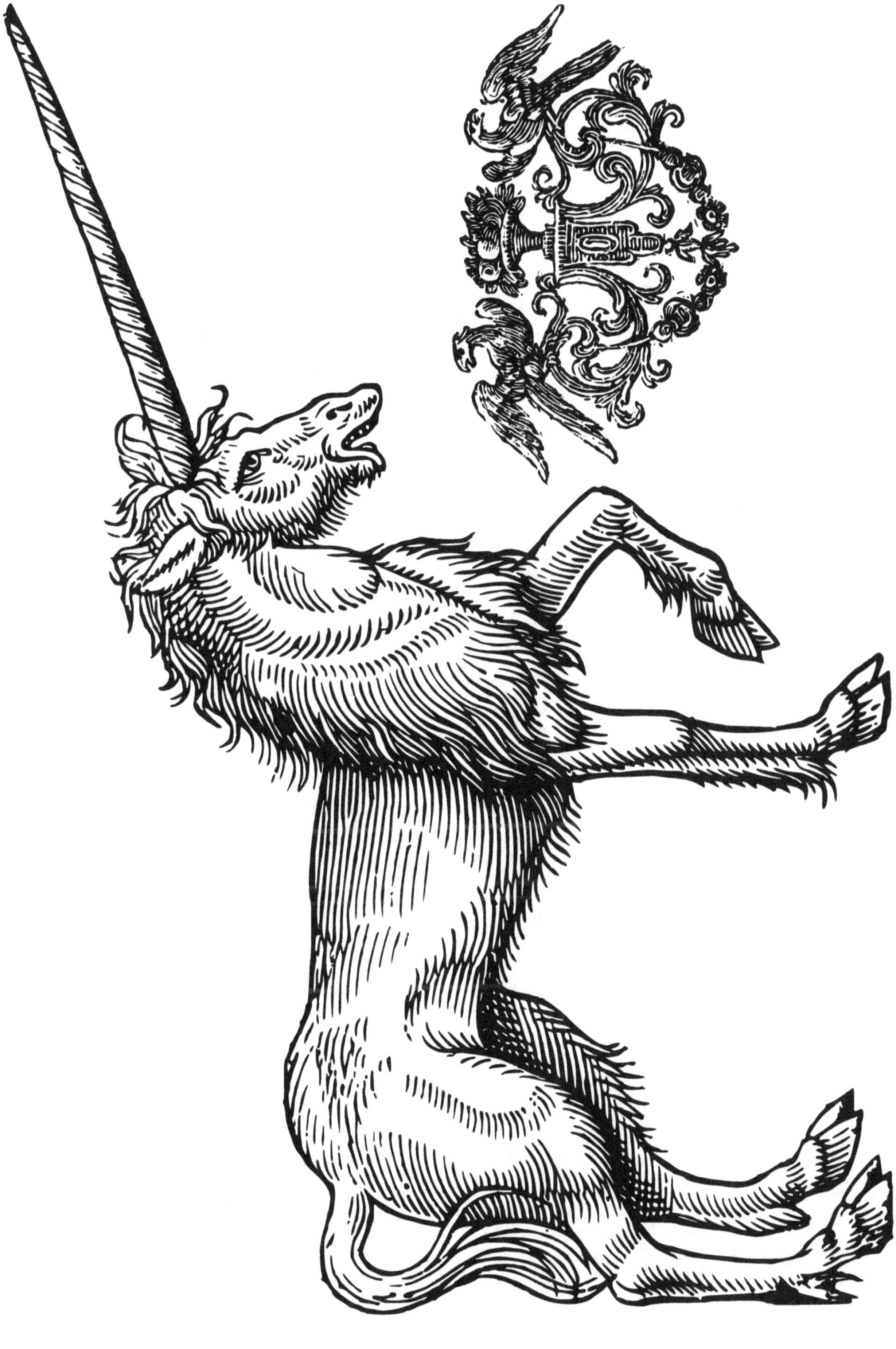

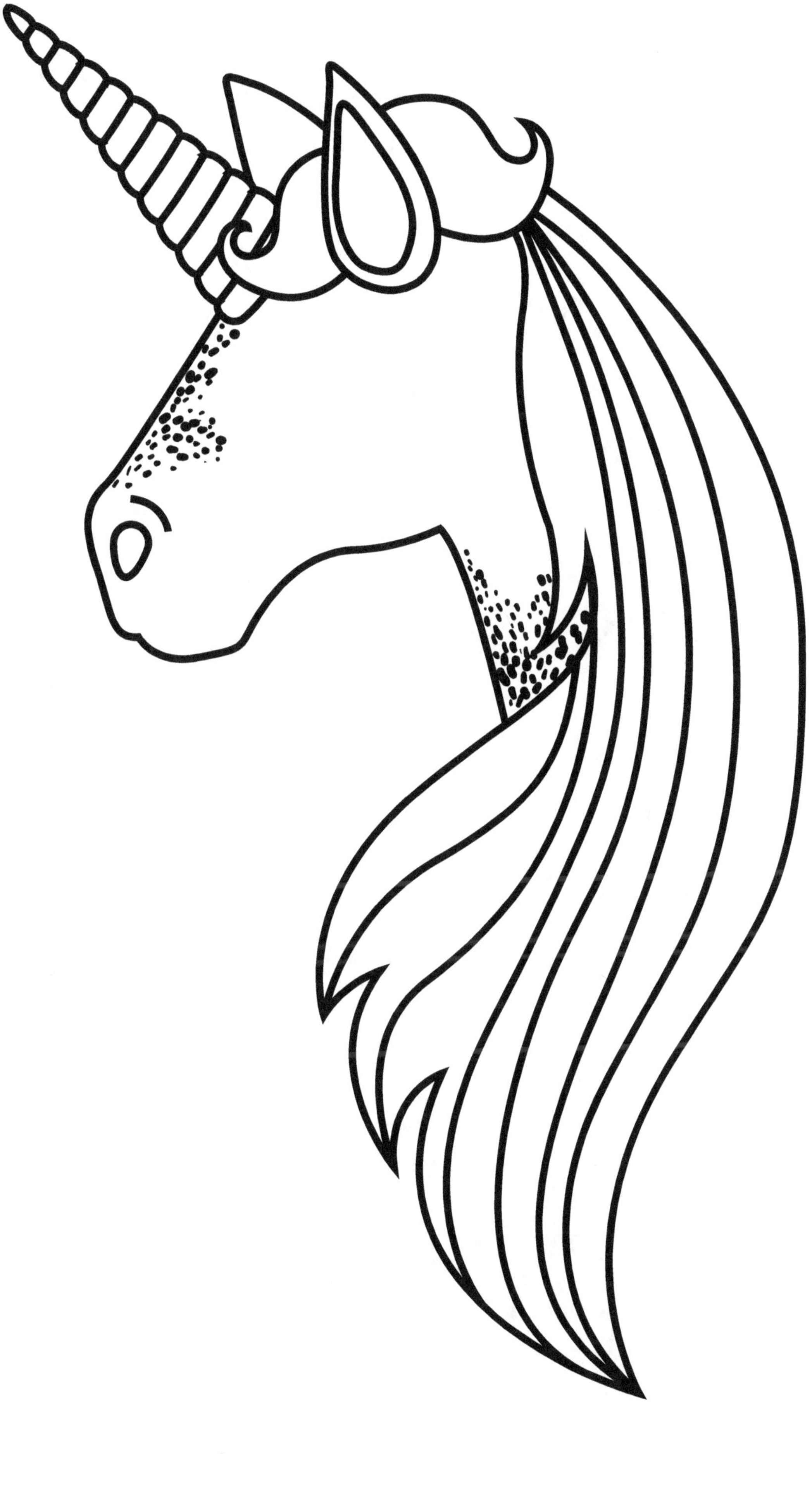

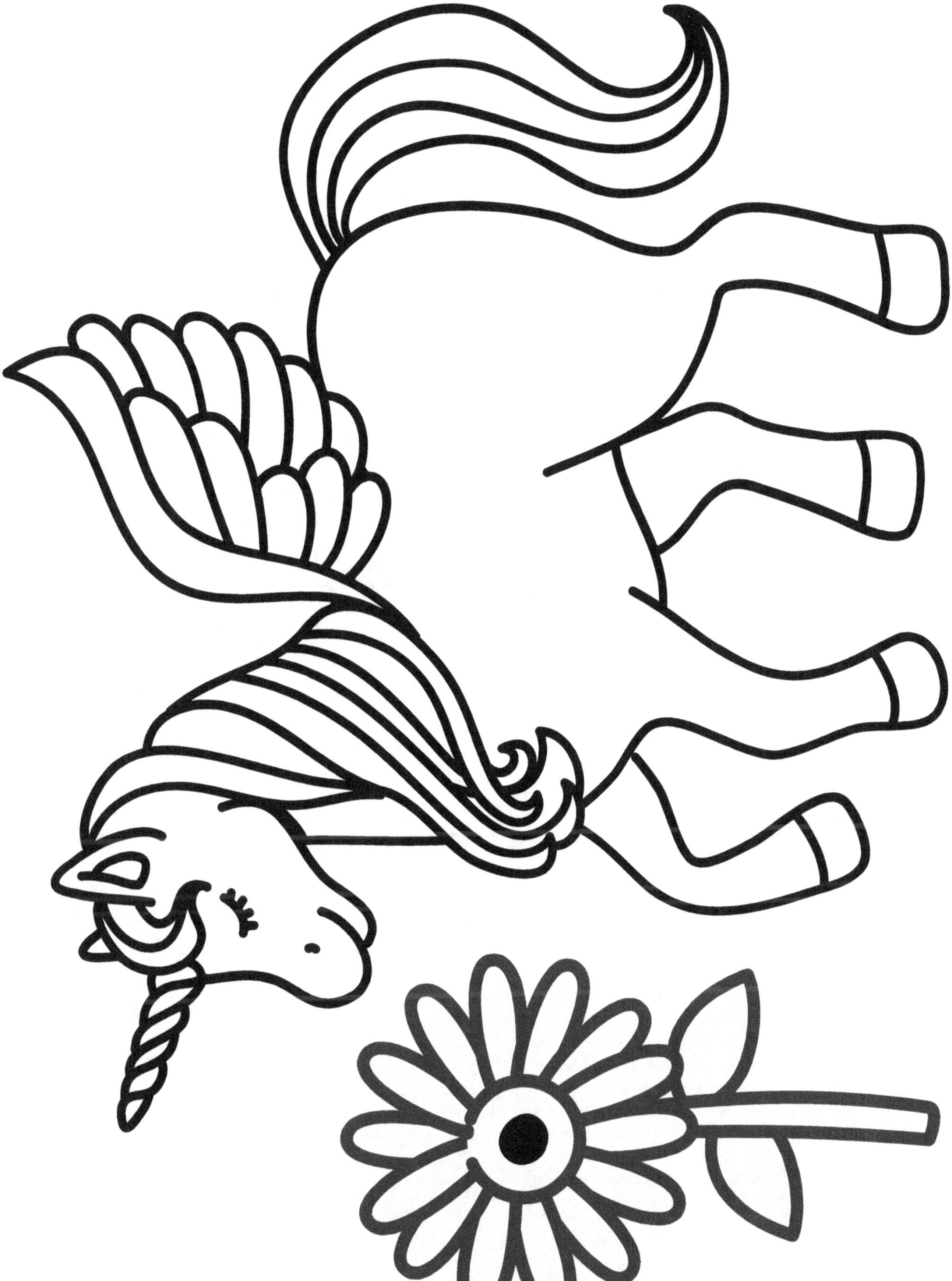

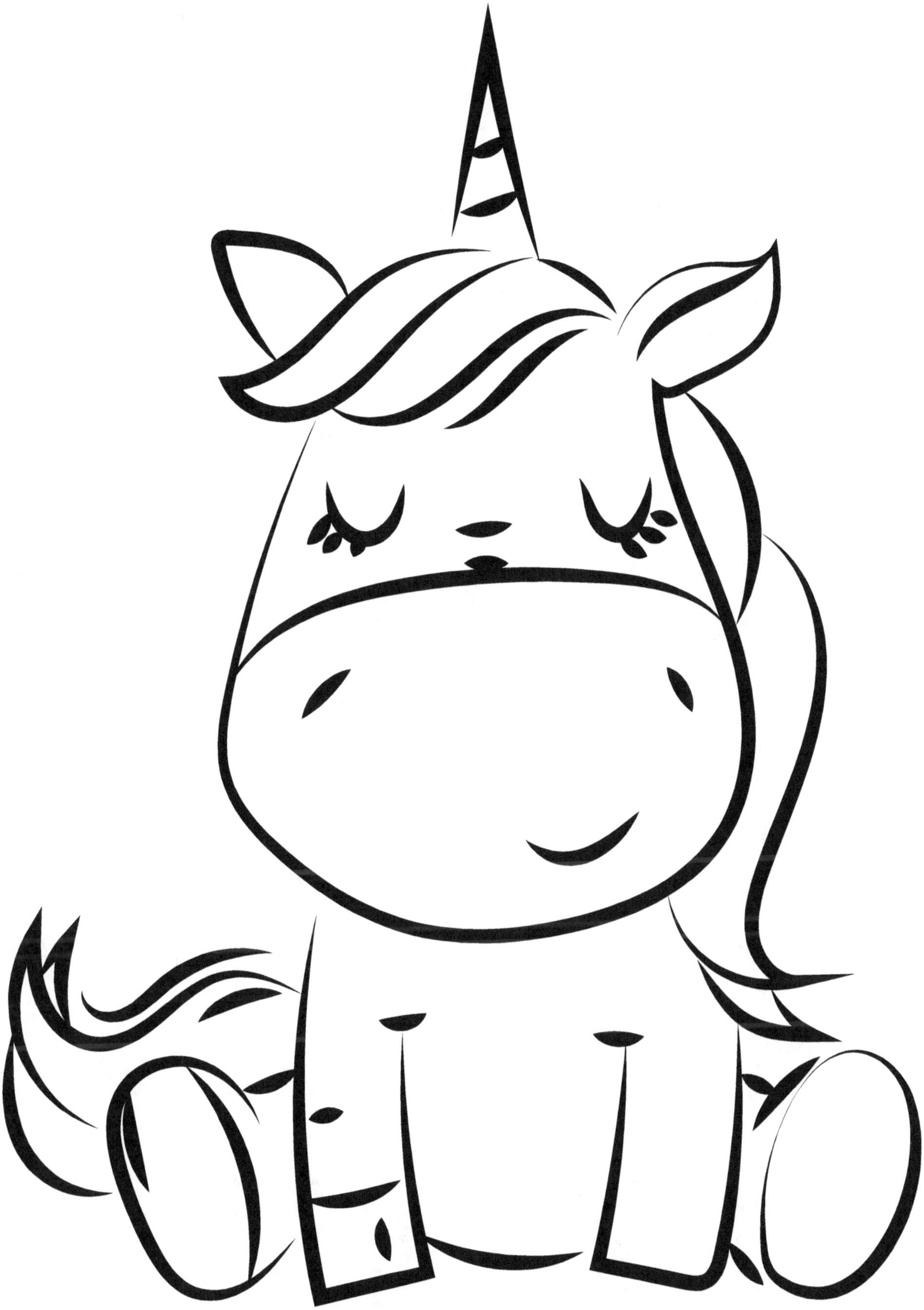

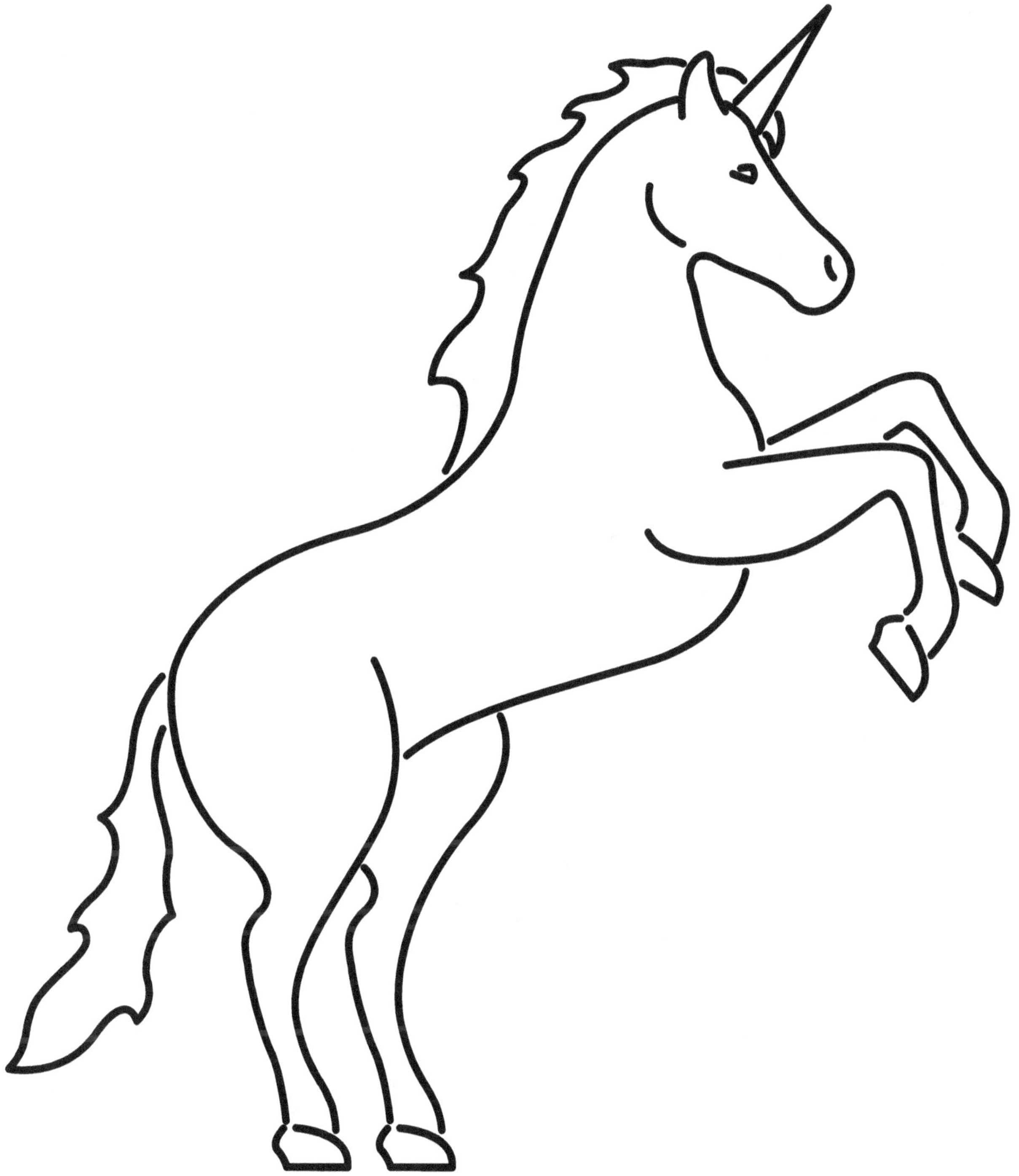

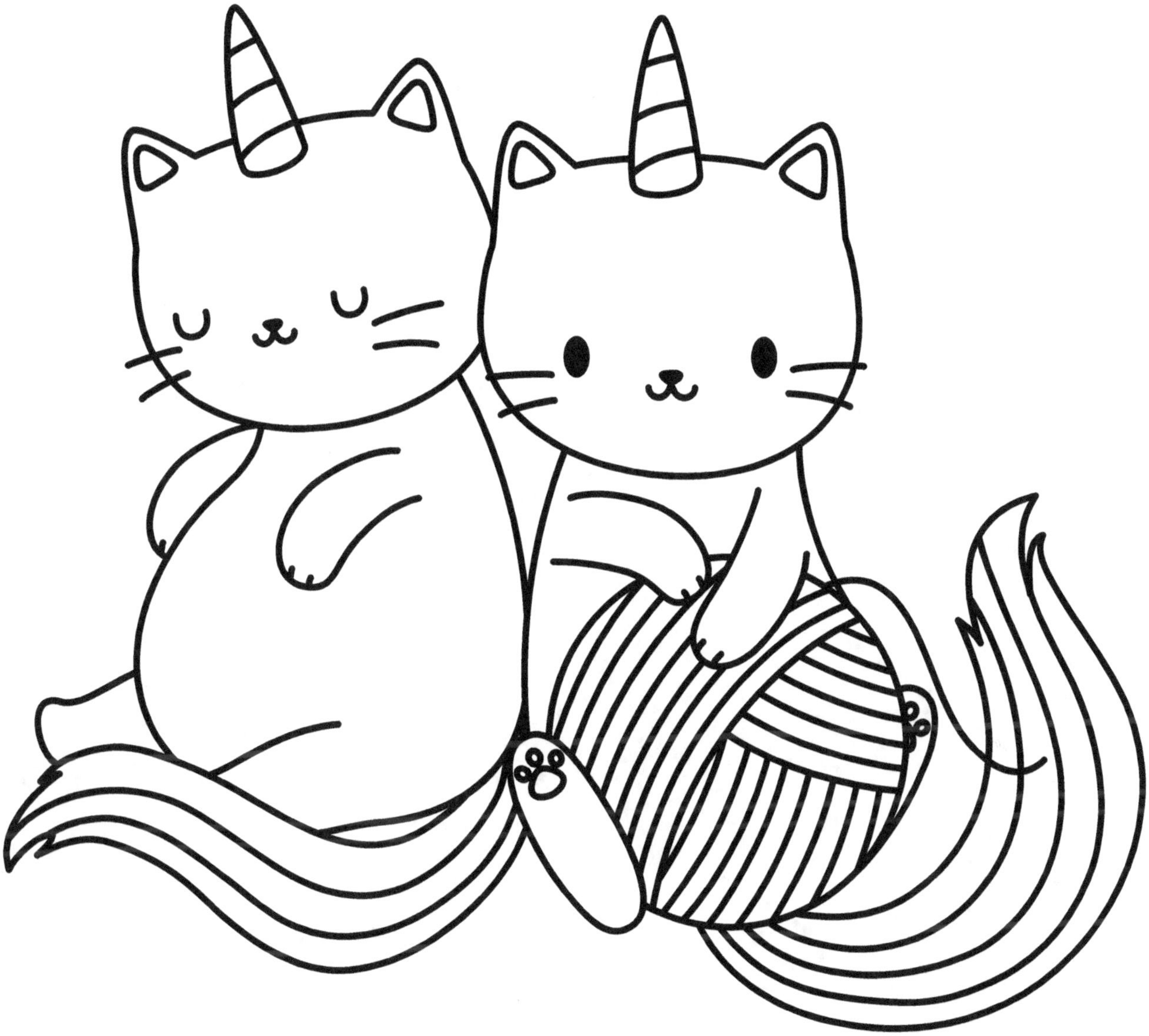

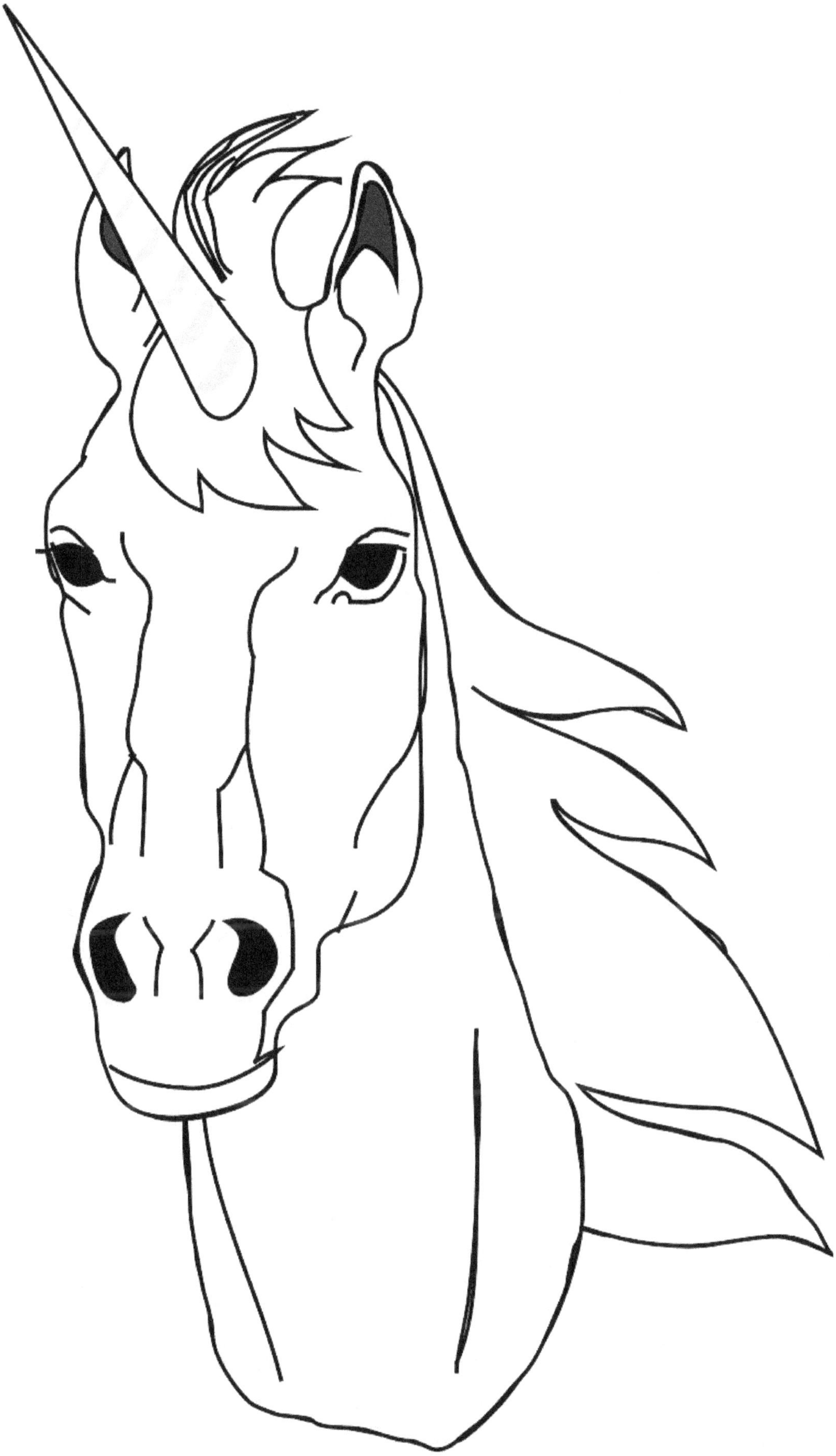

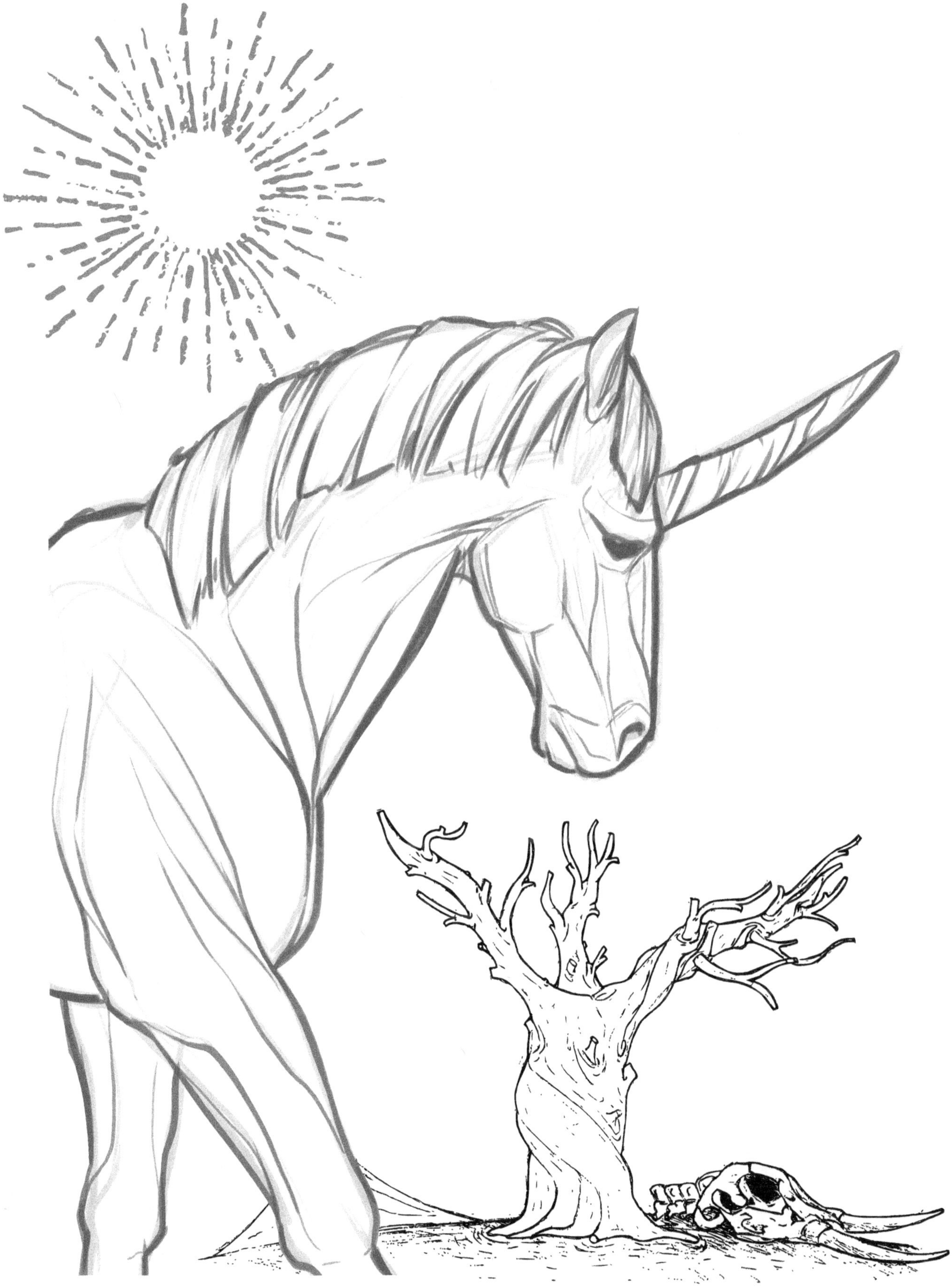

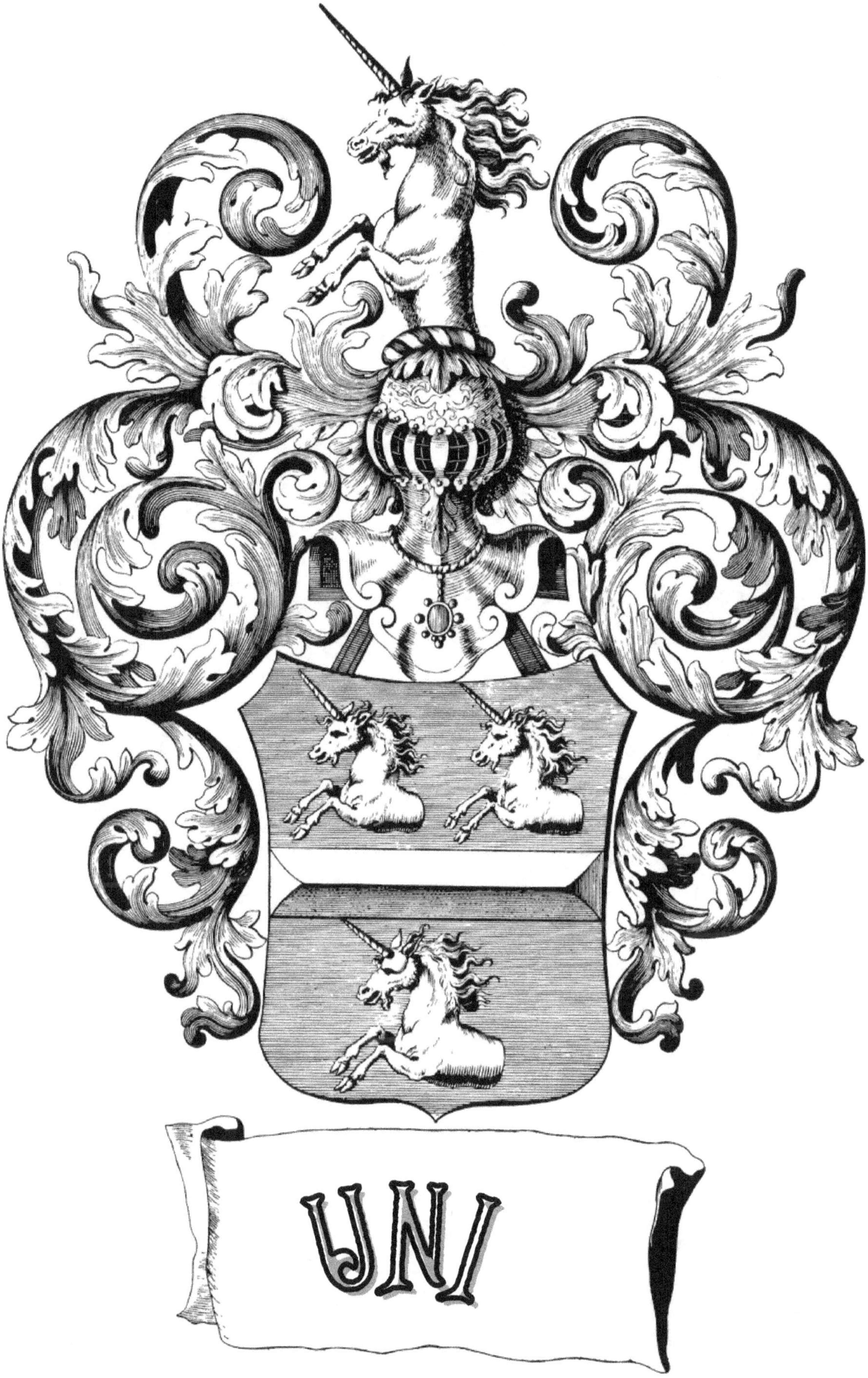
UNI

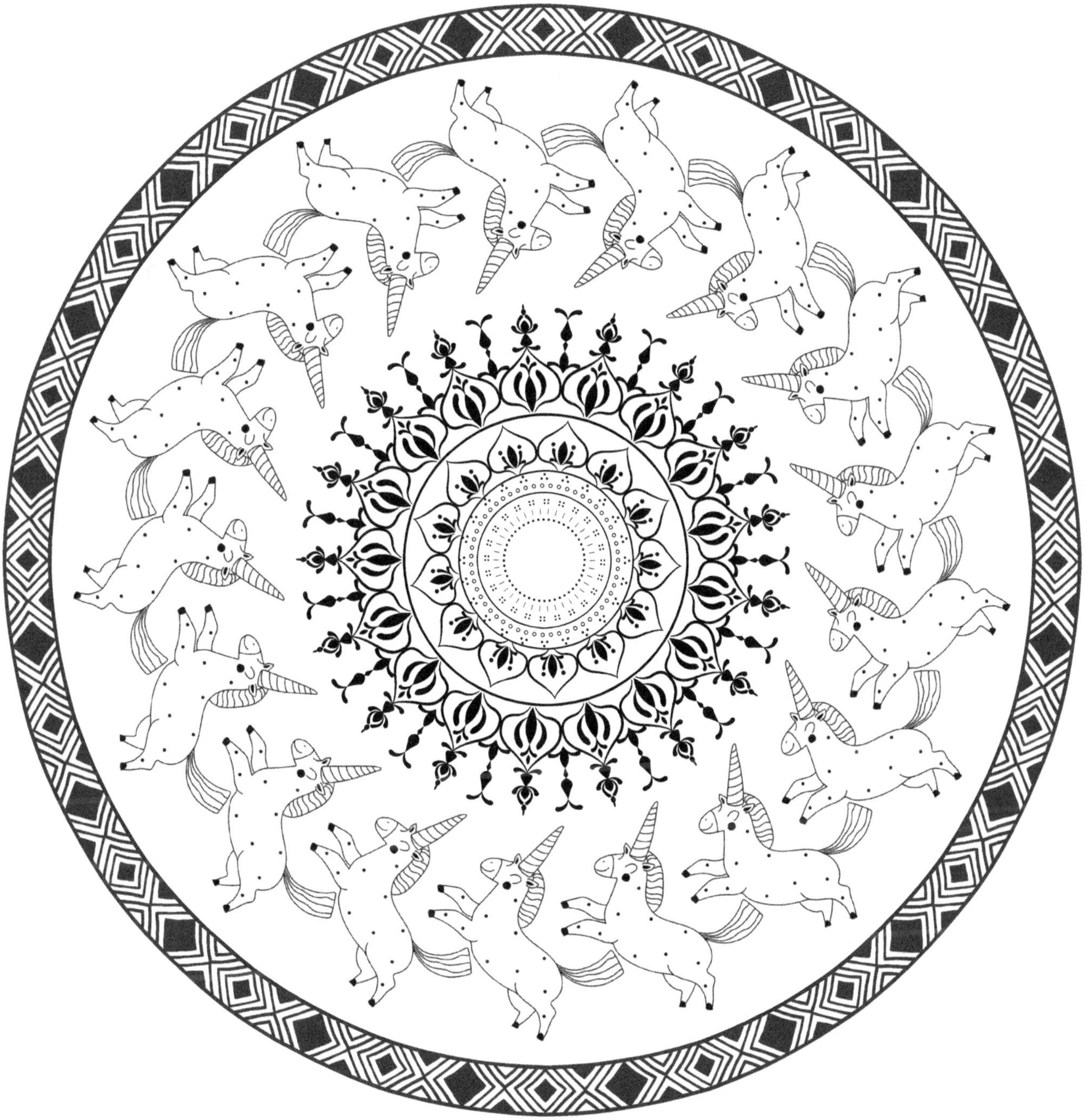

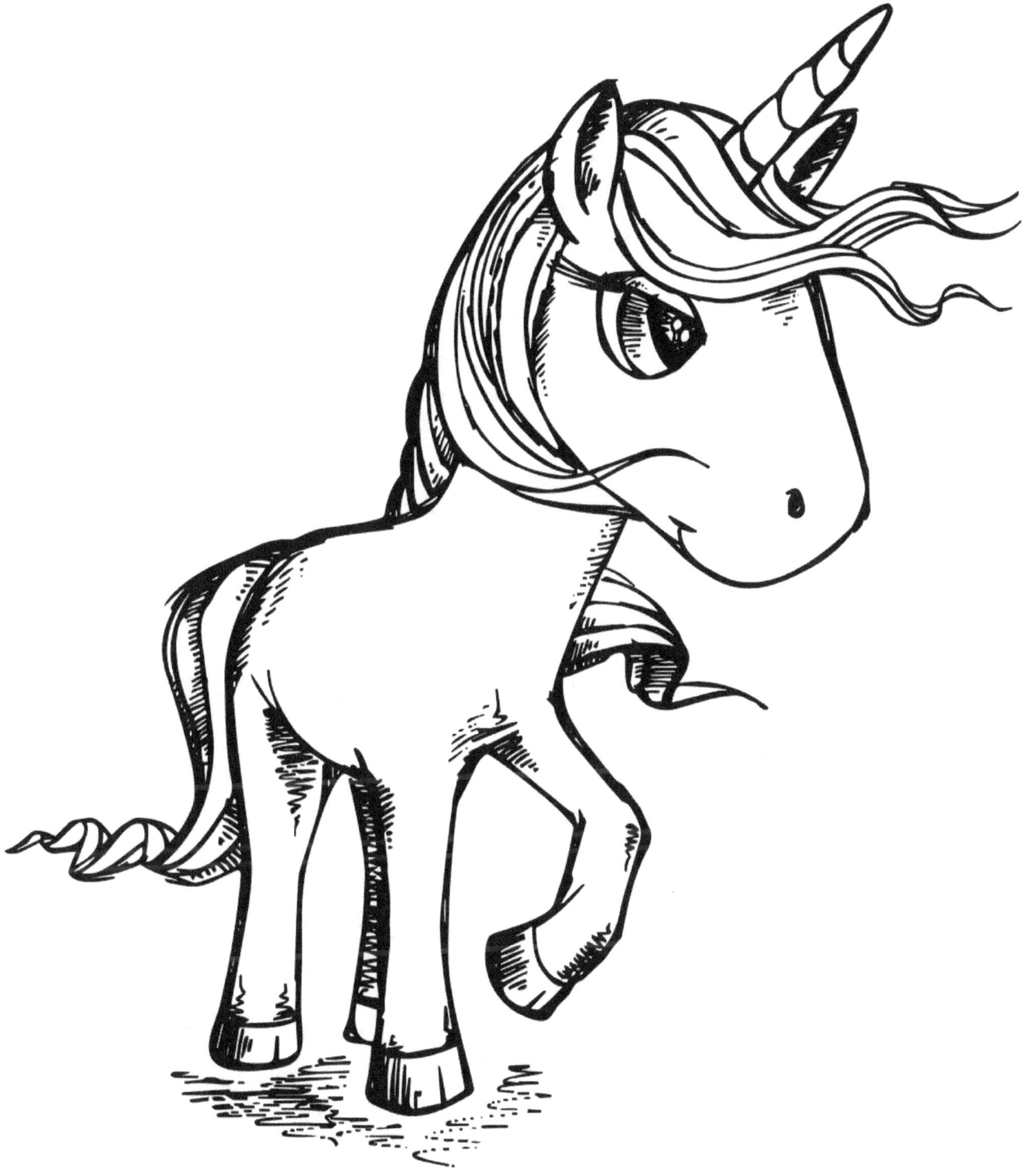

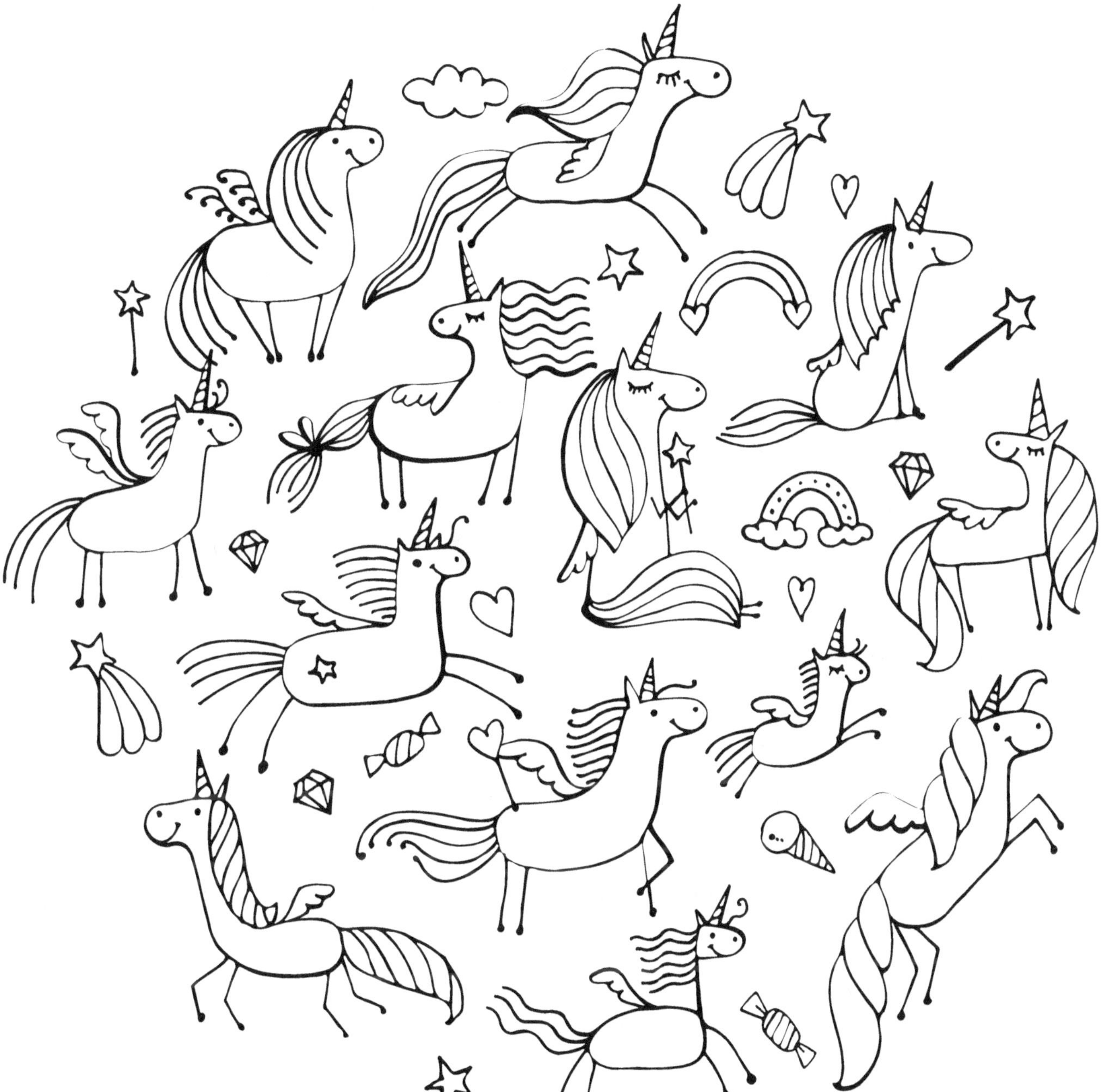

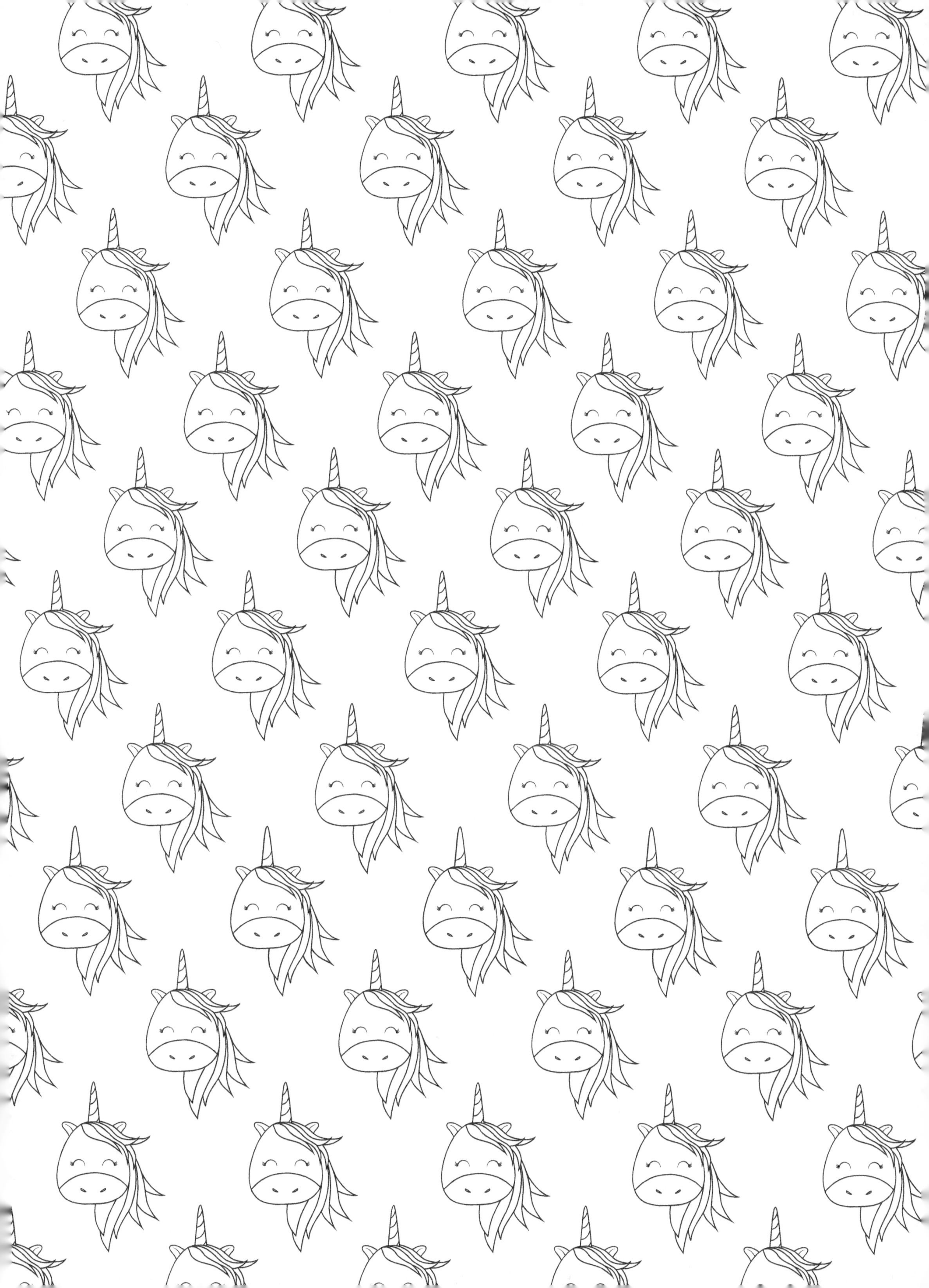

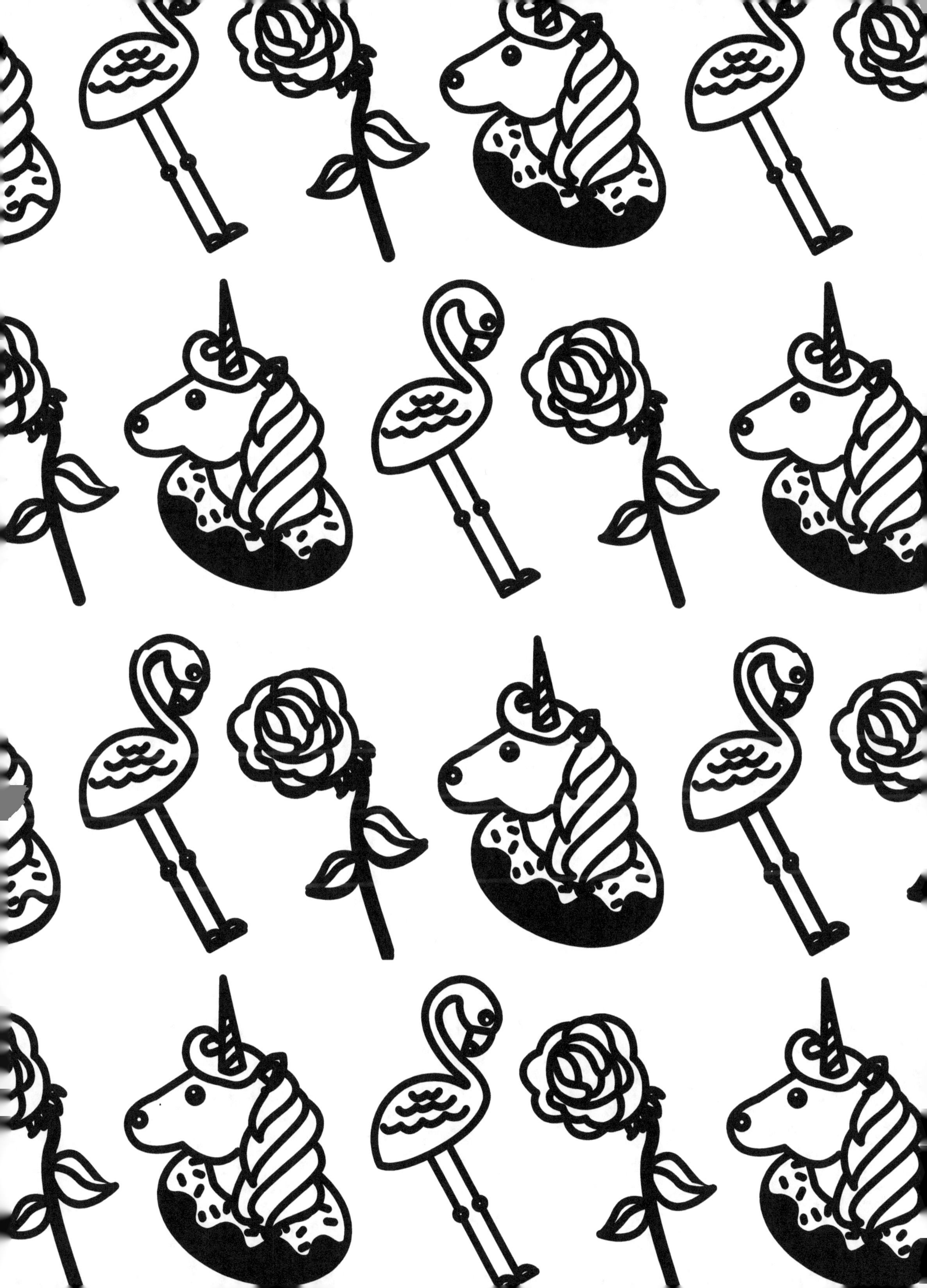

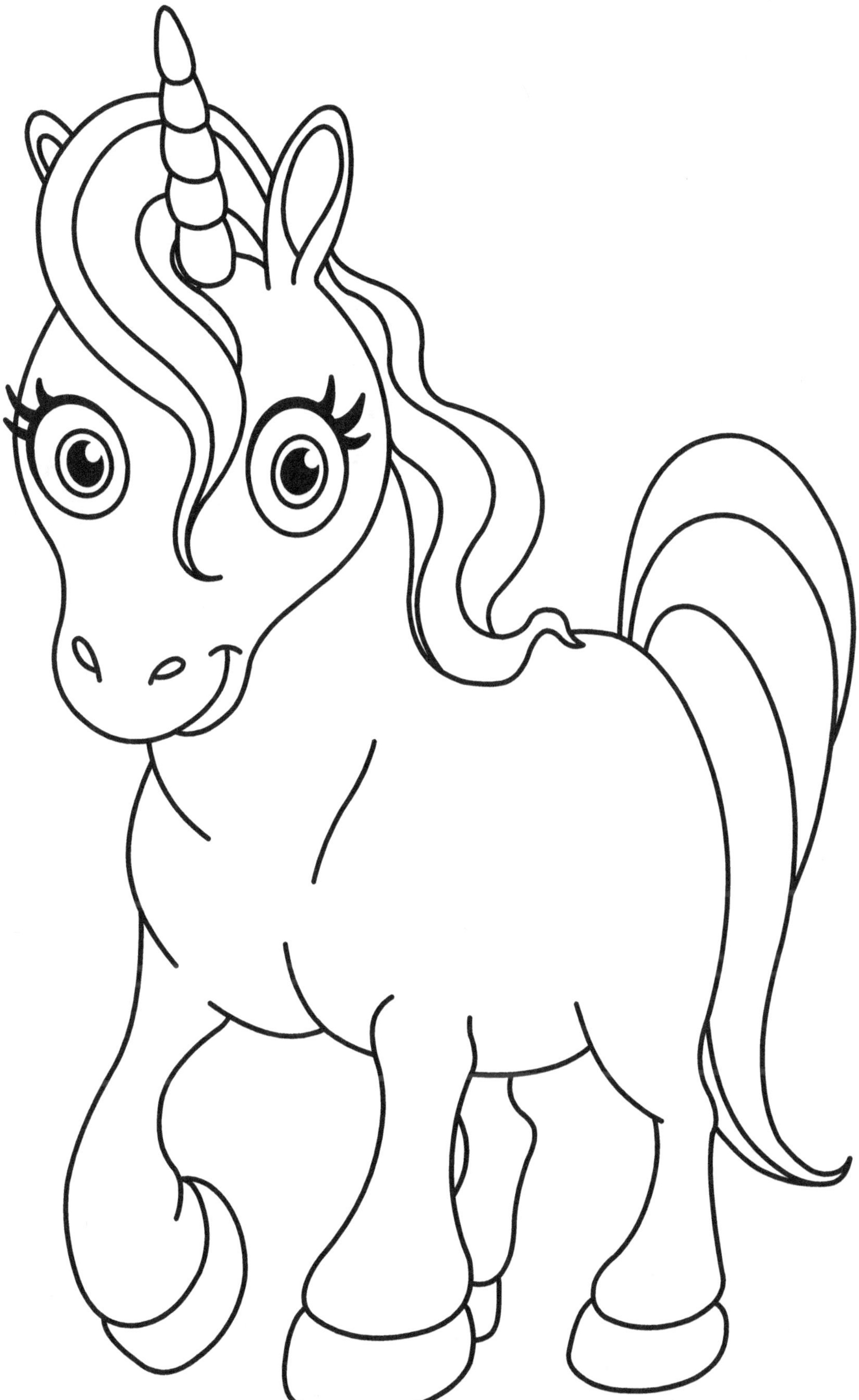

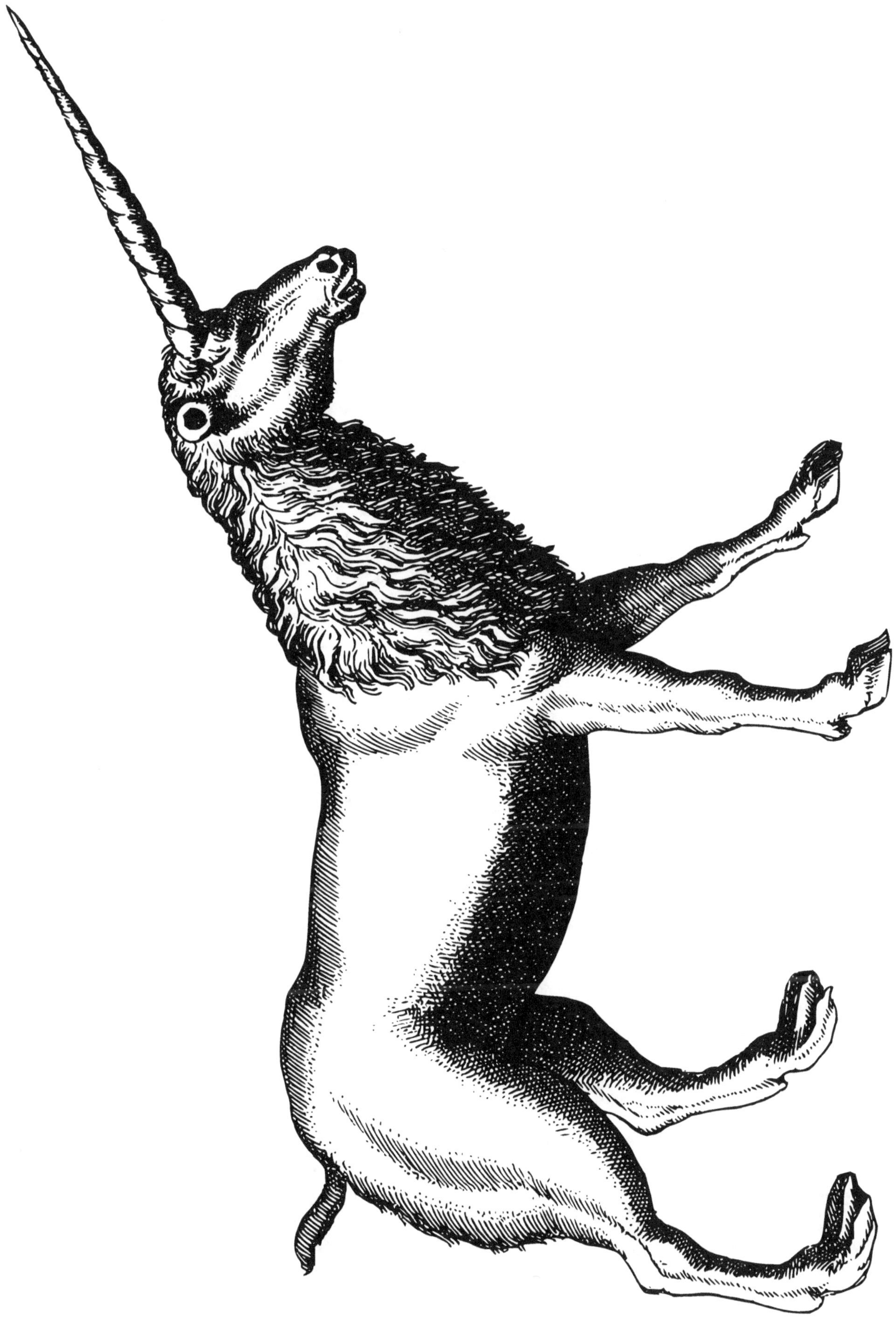

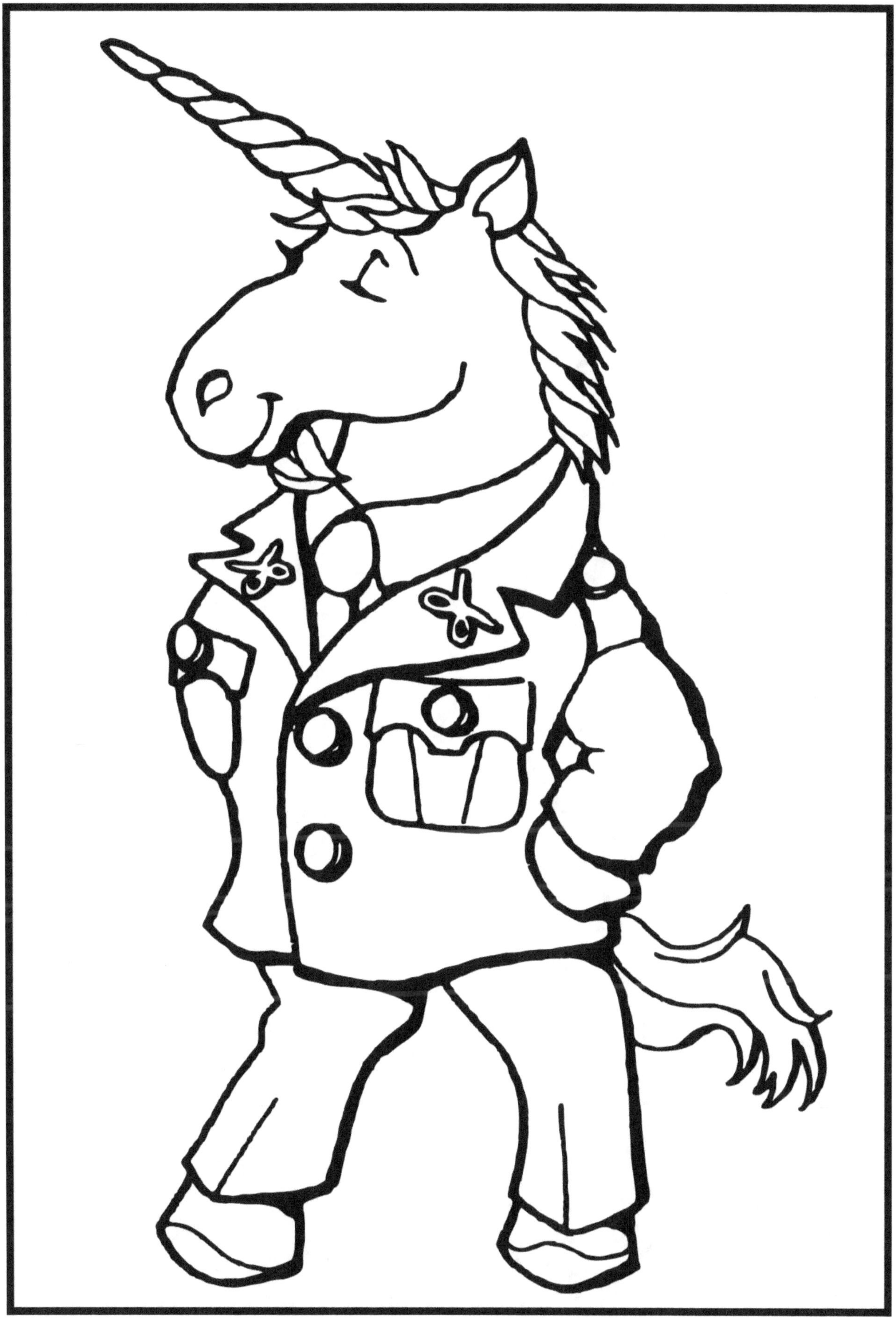

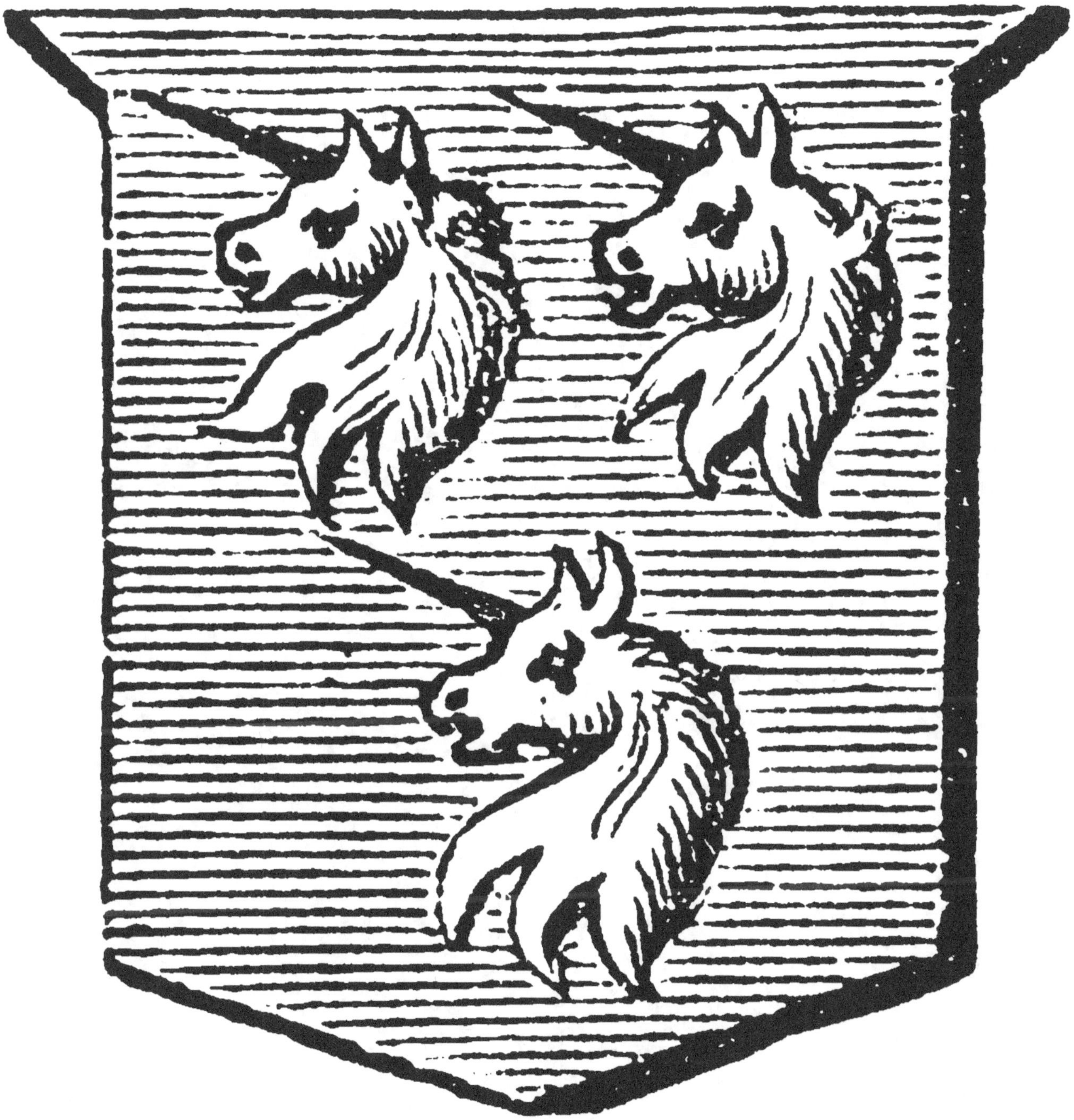

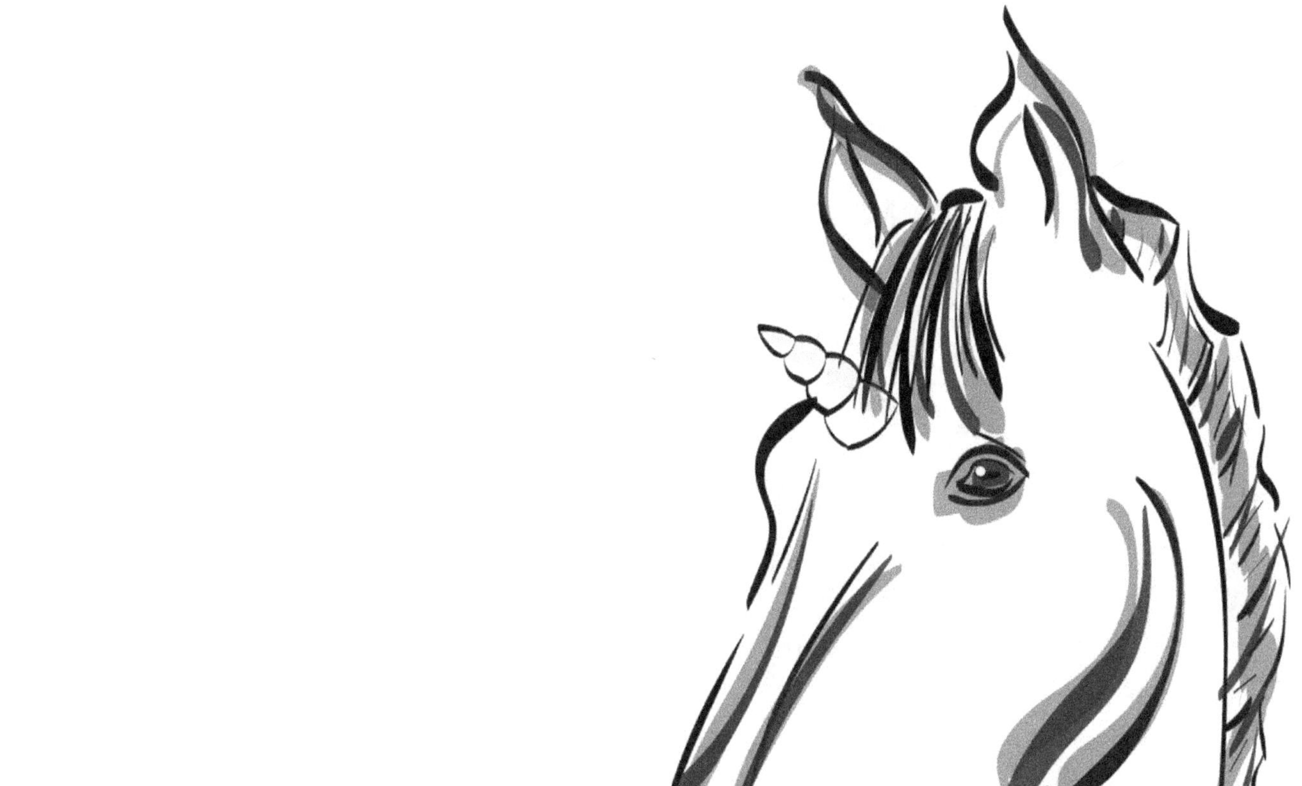

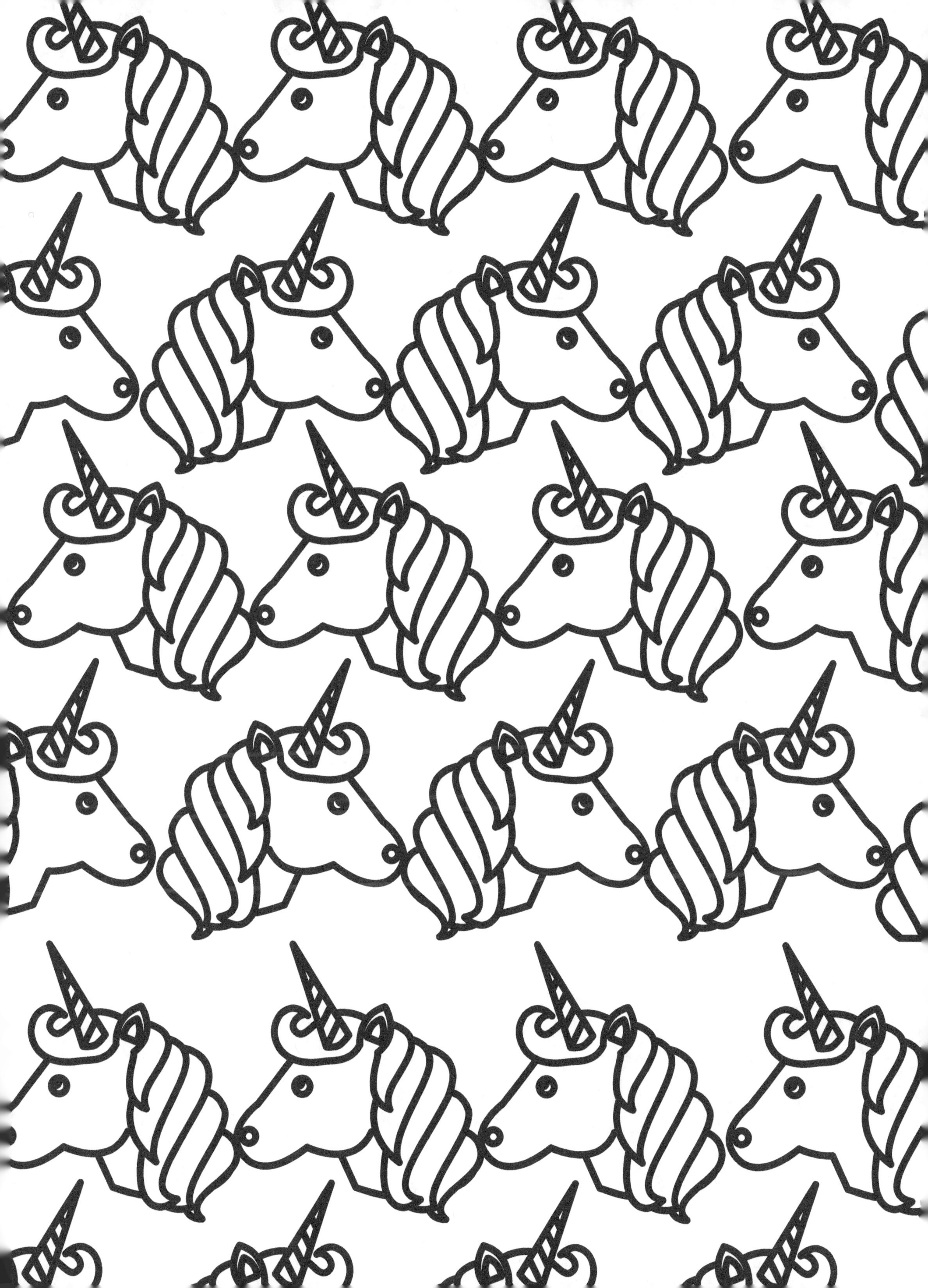

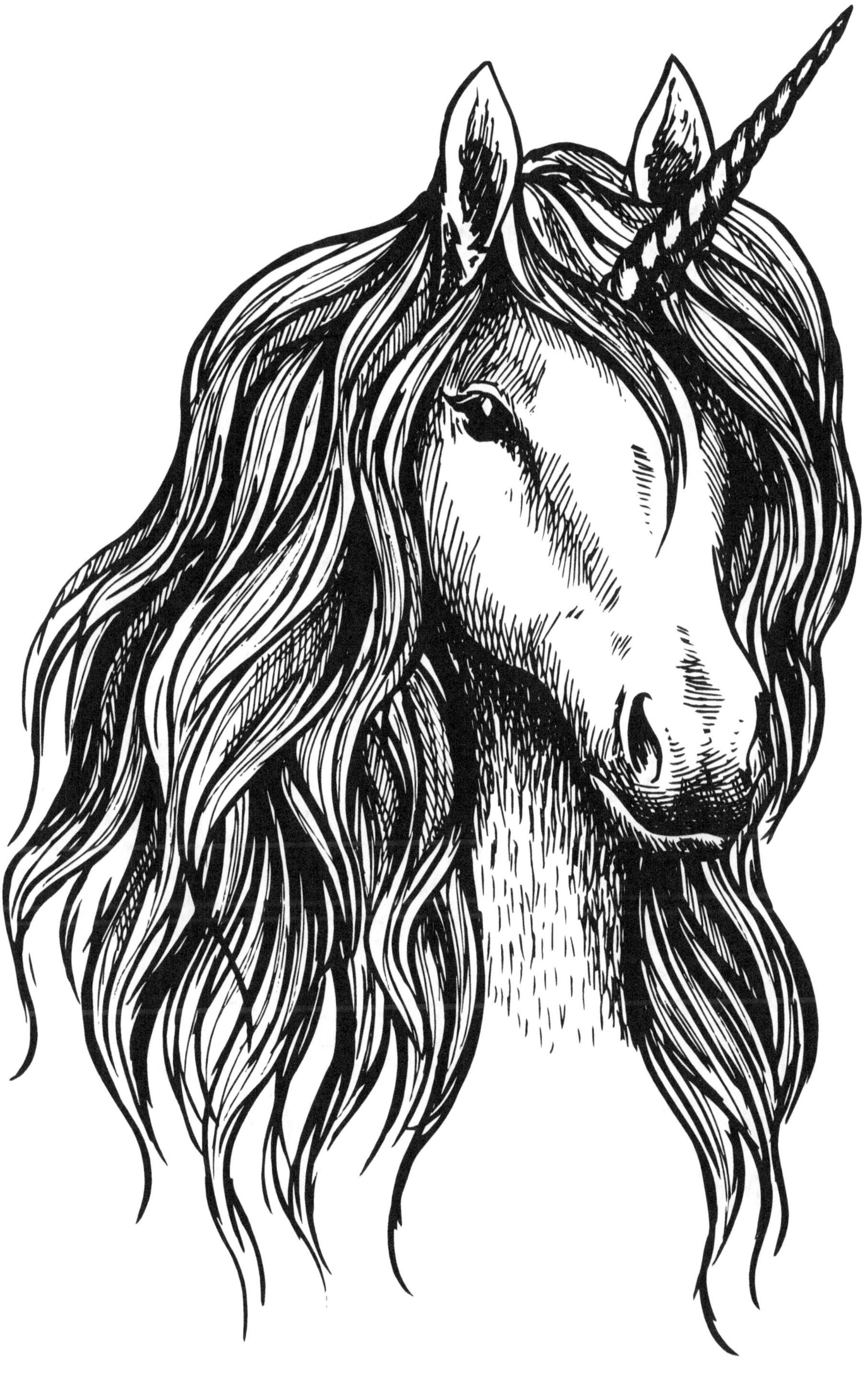

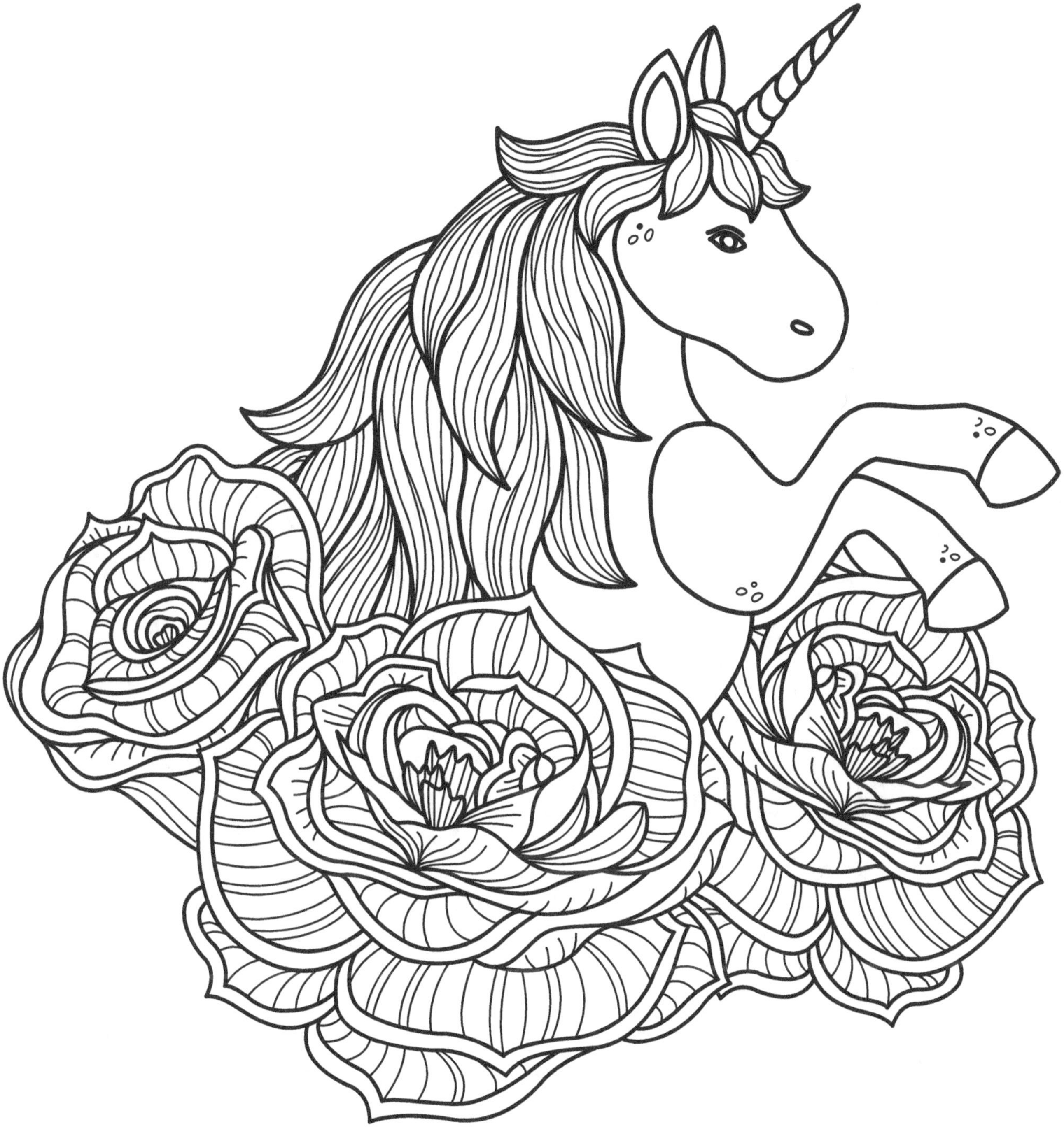

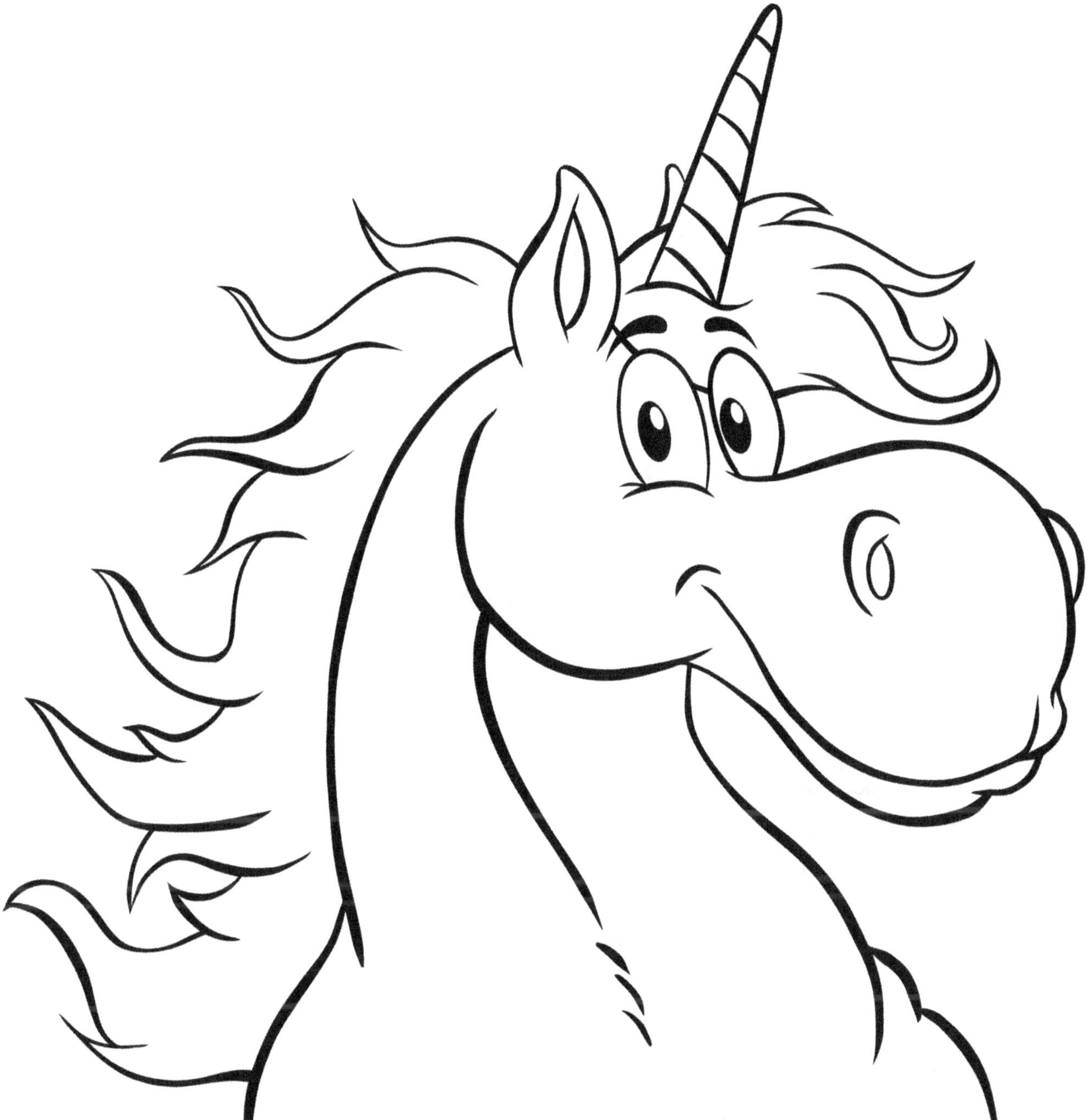

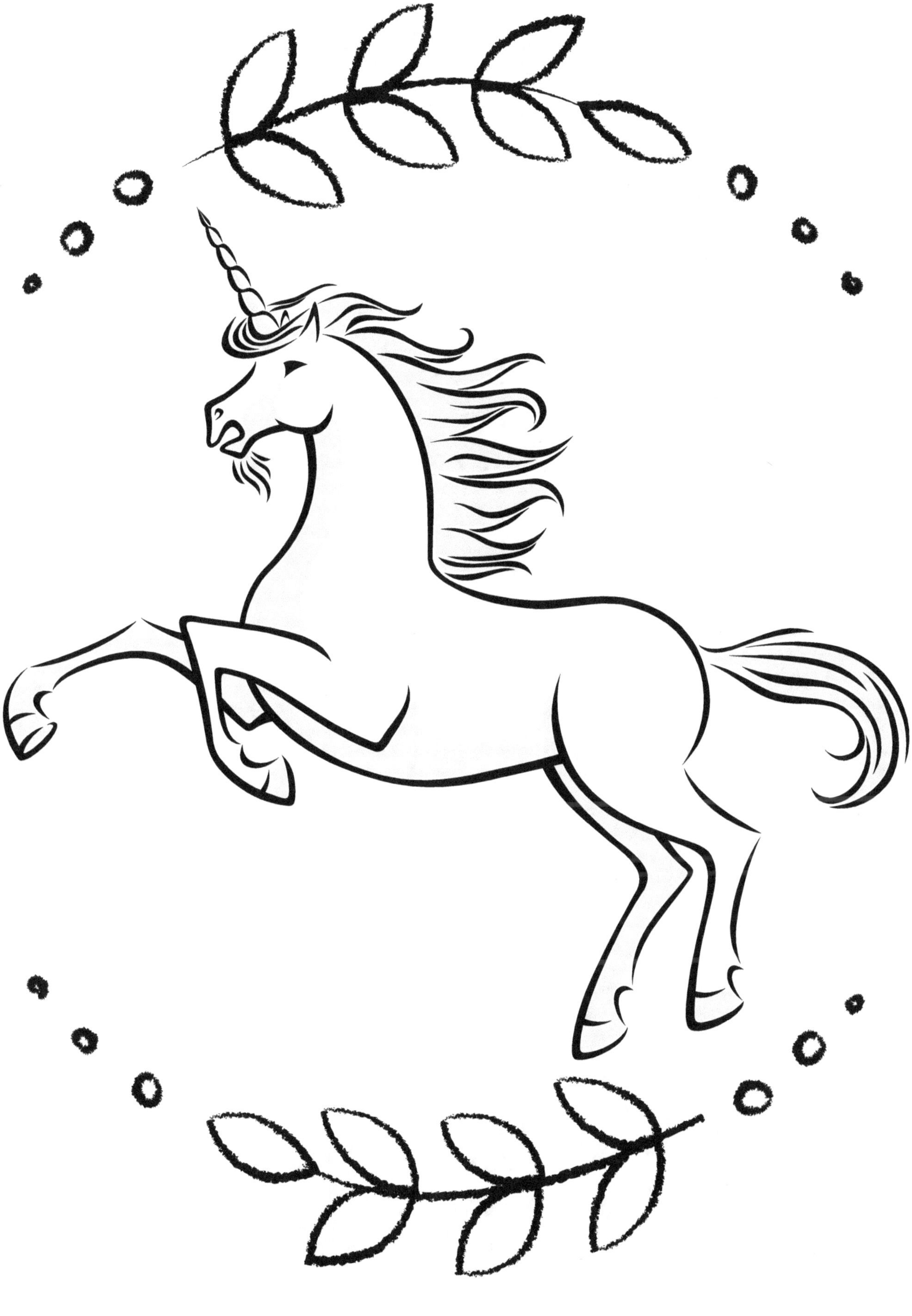

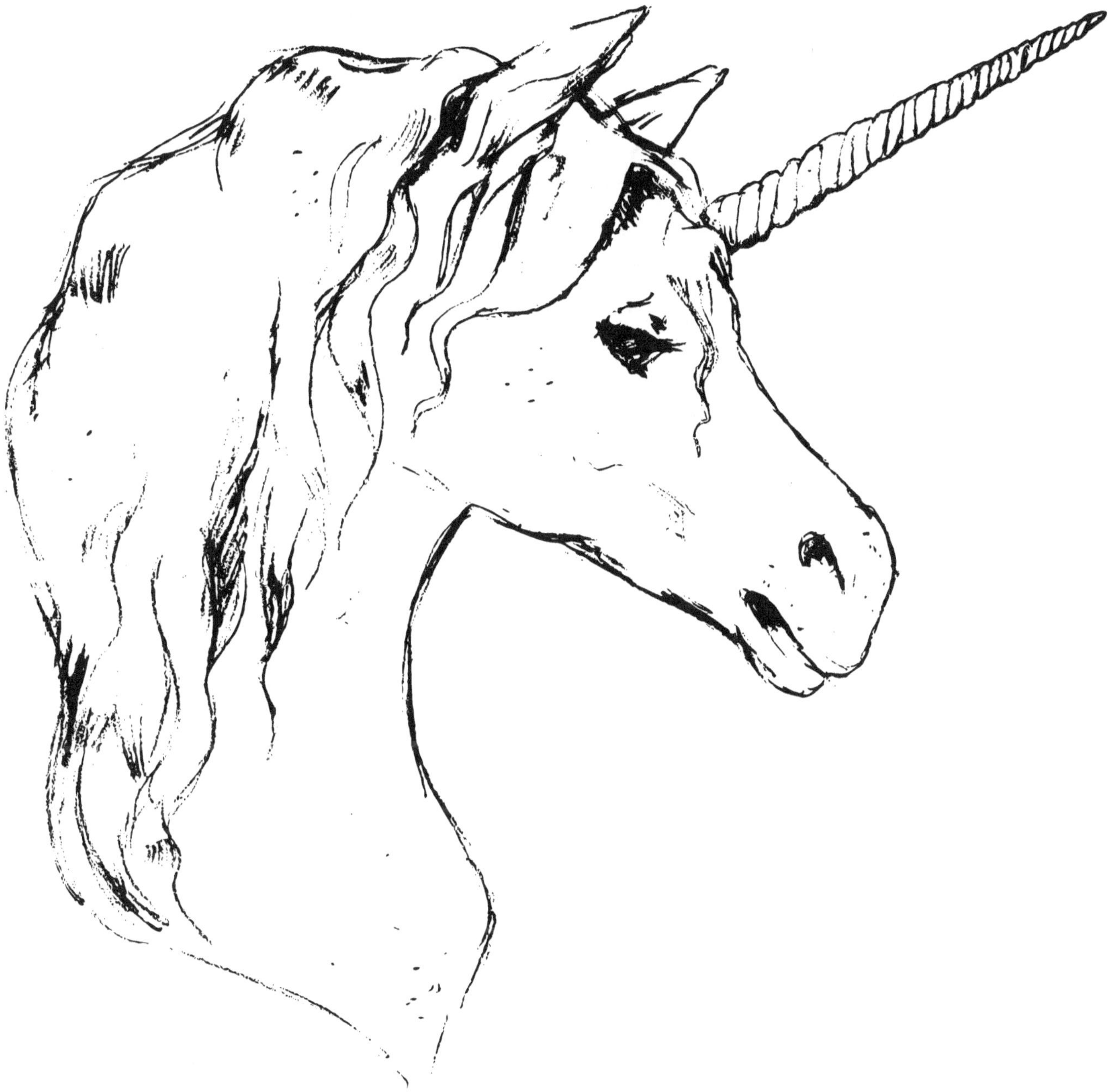

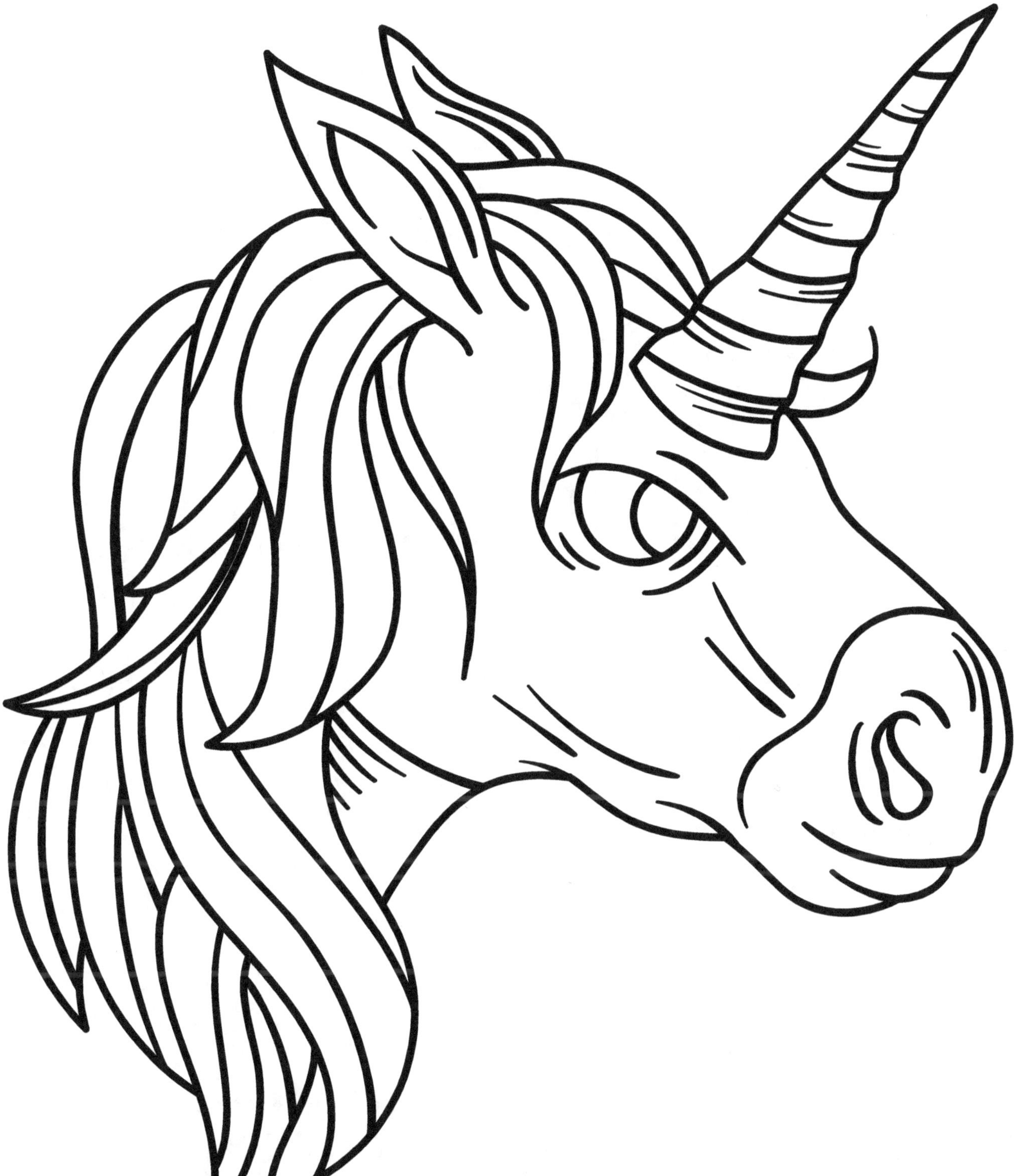

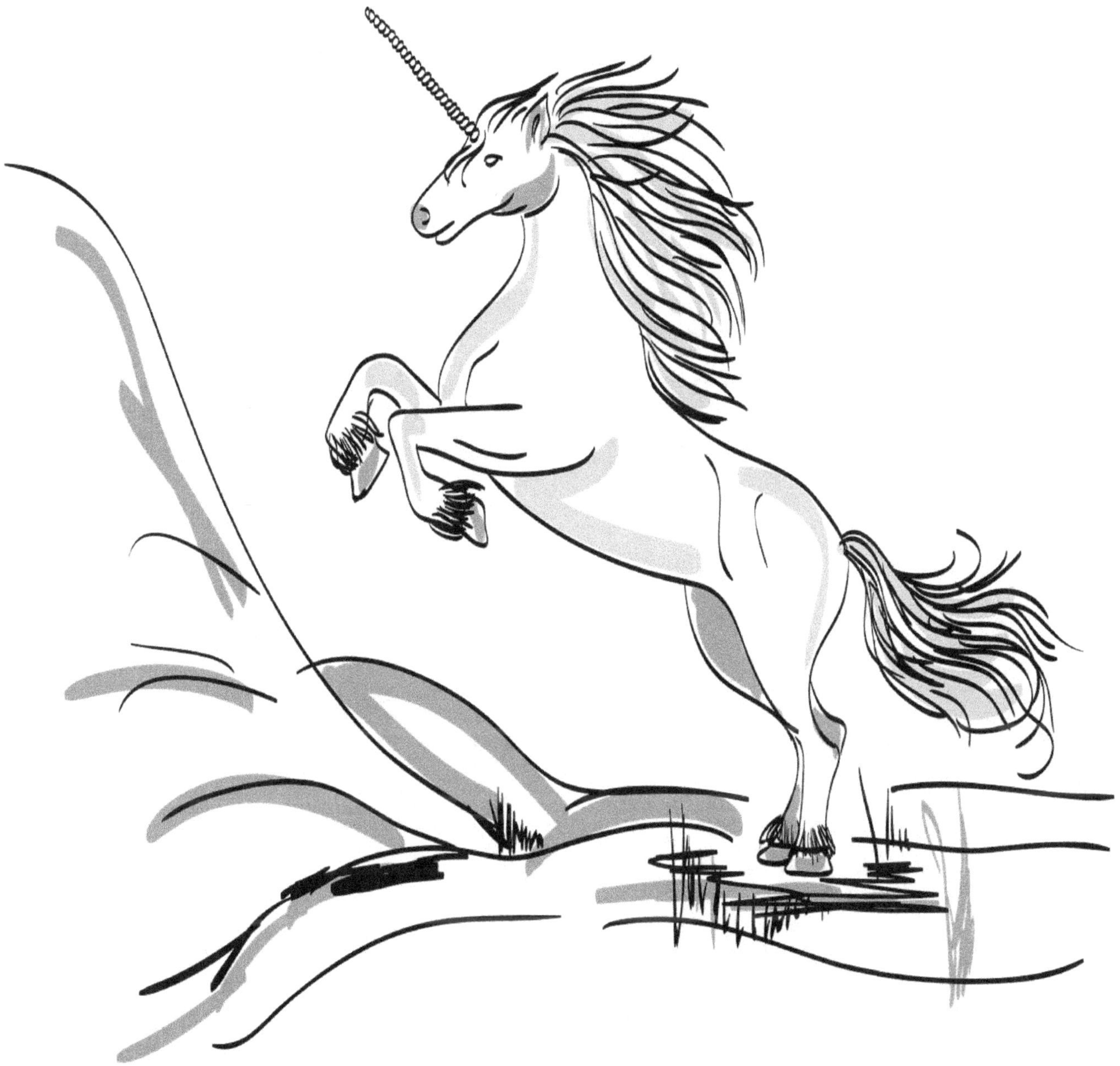

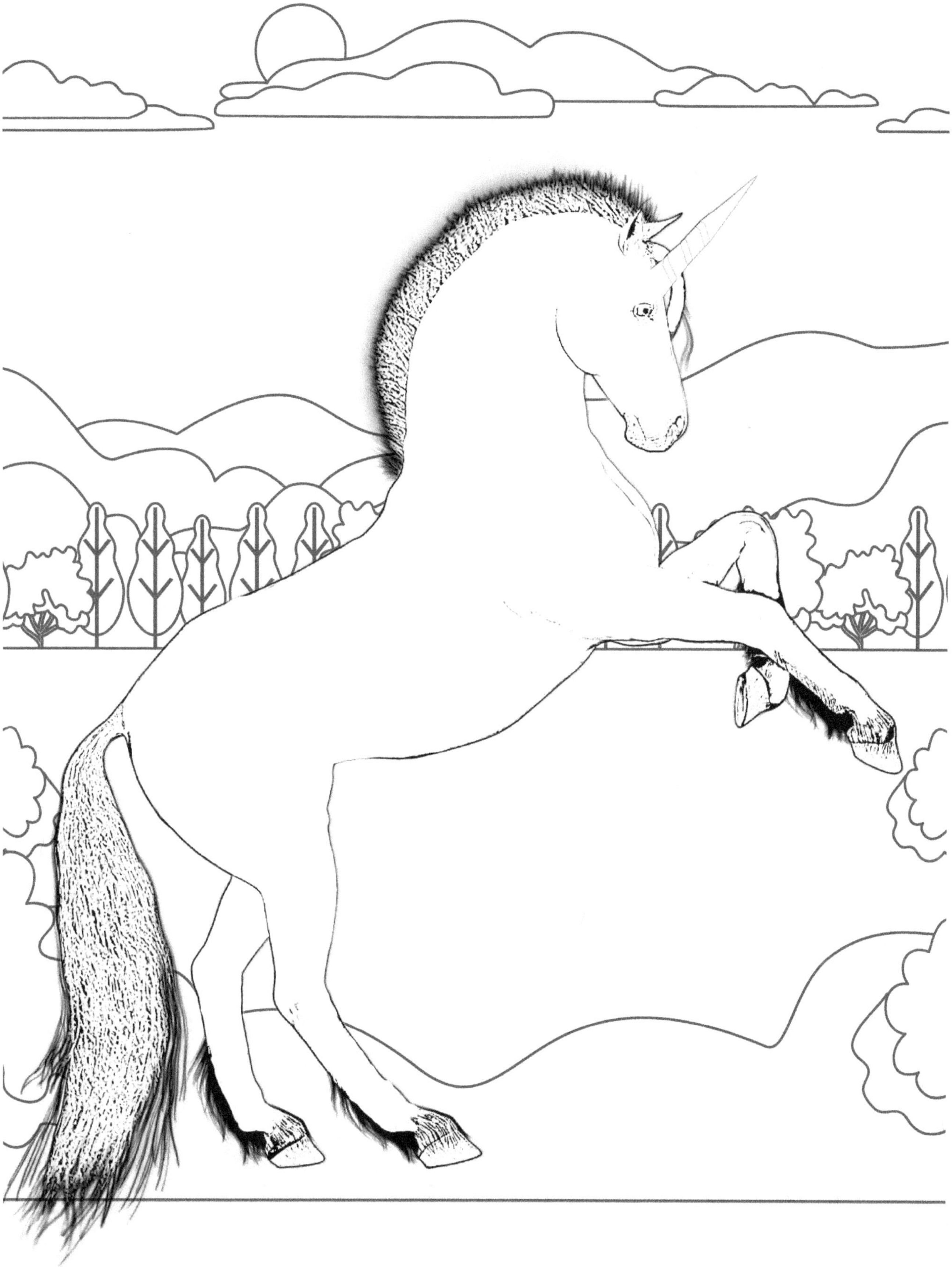

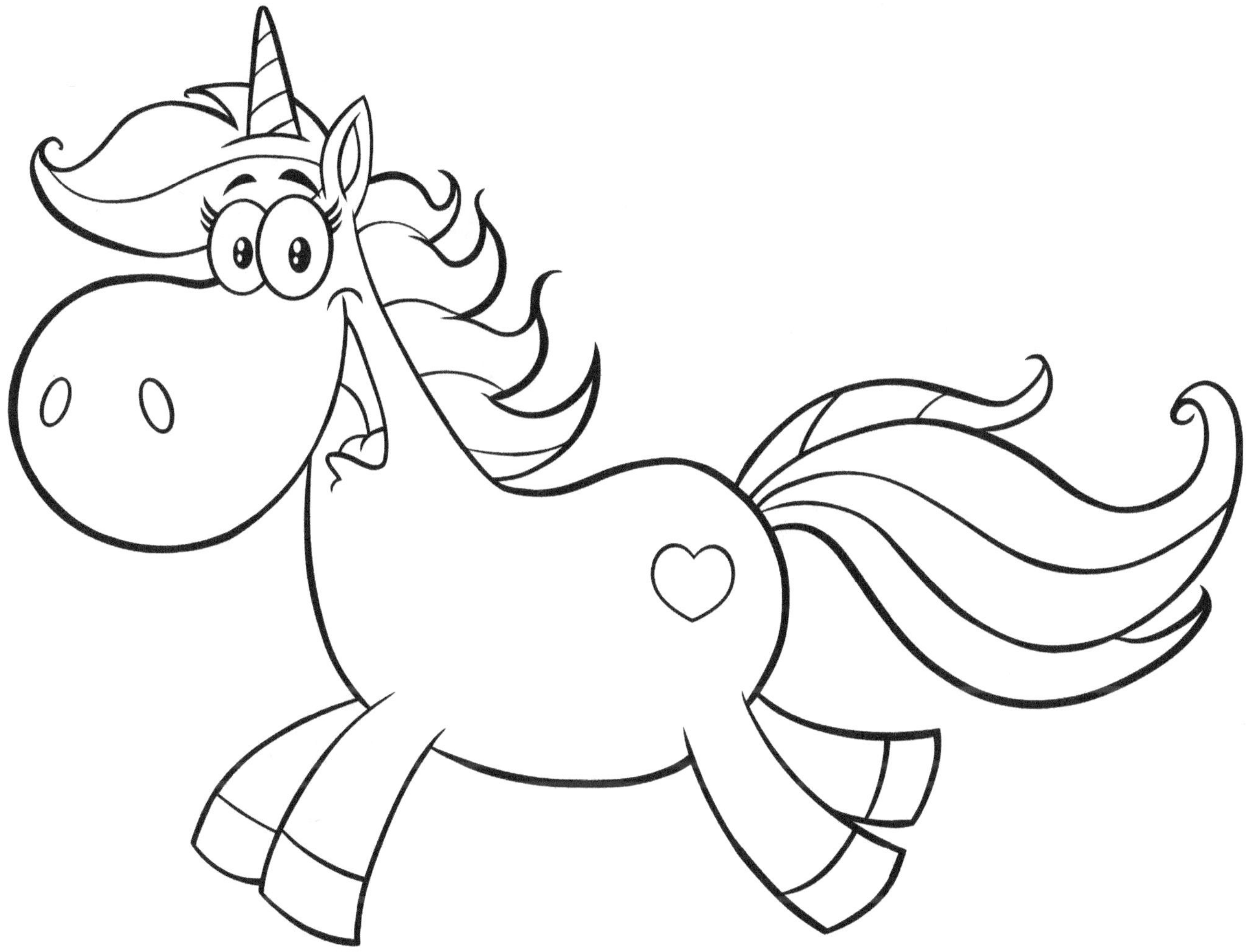

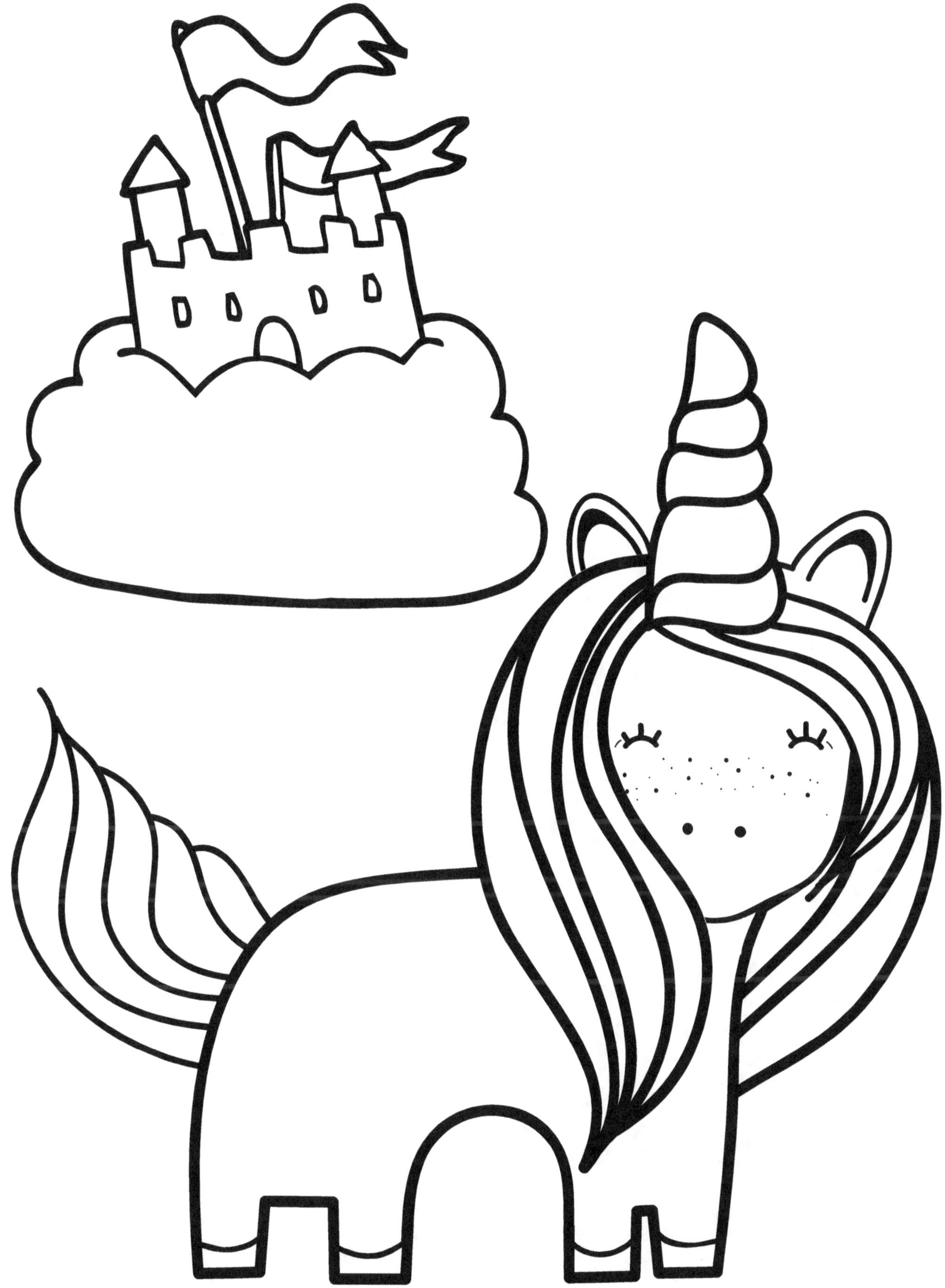

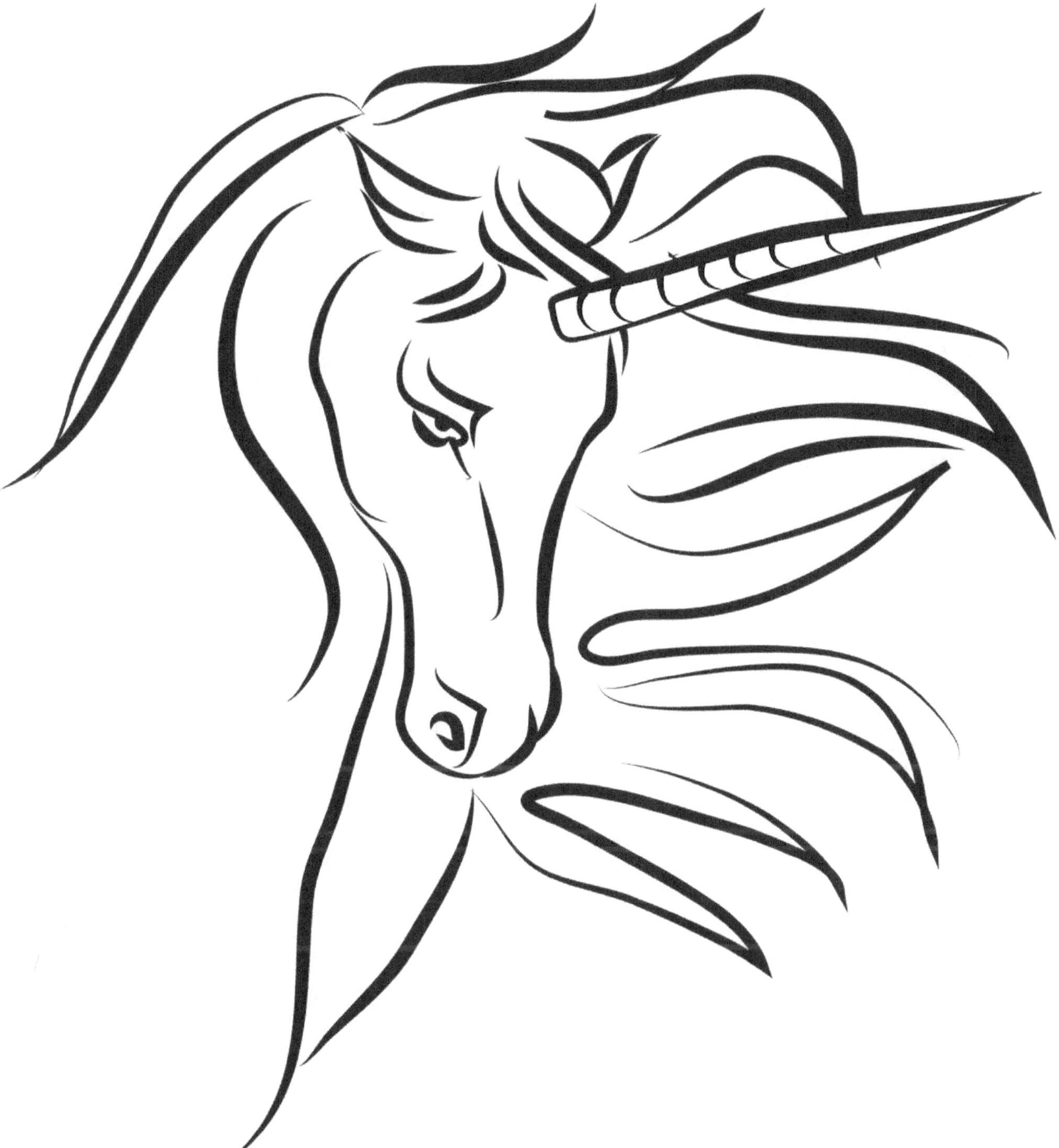

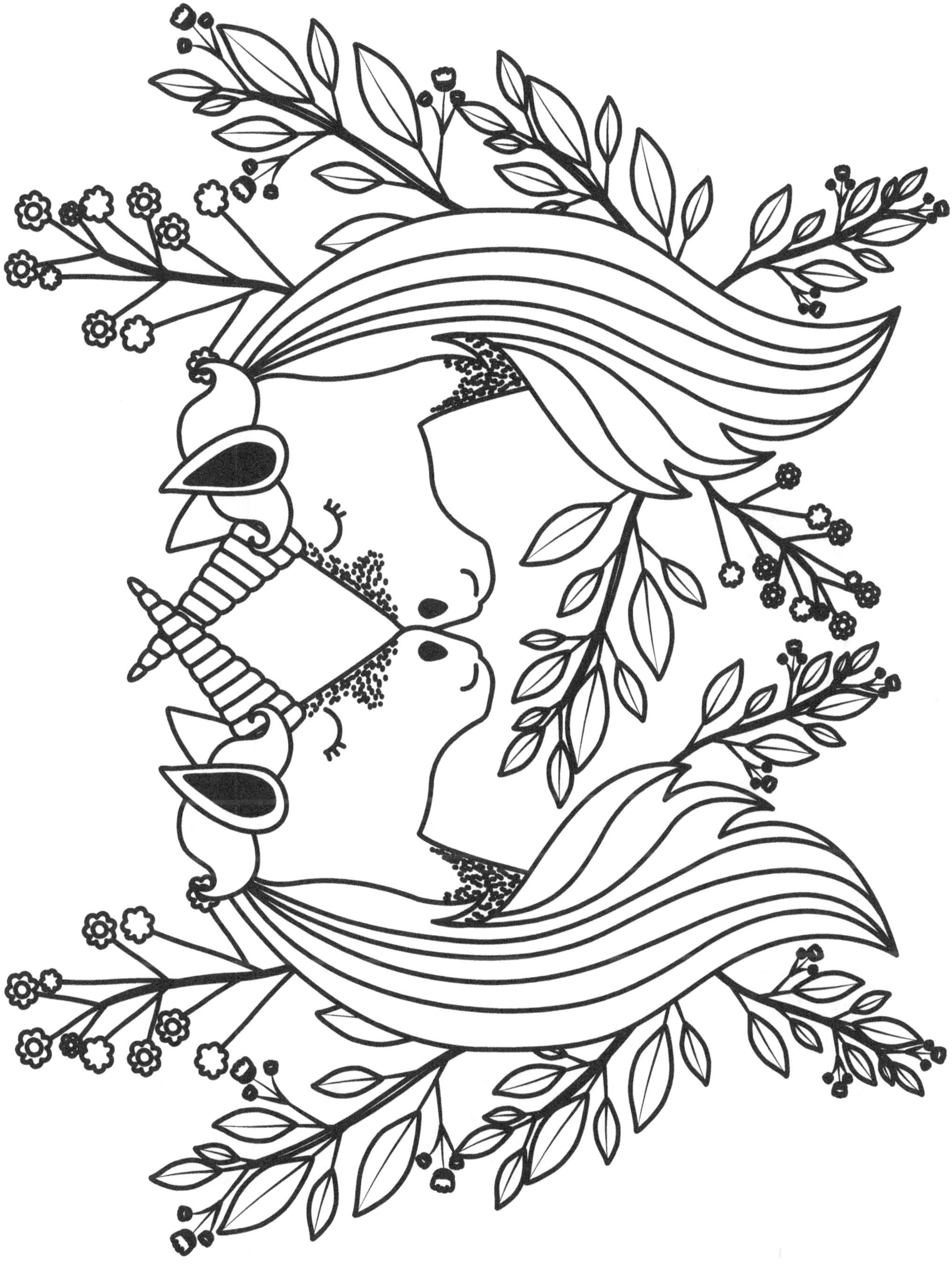

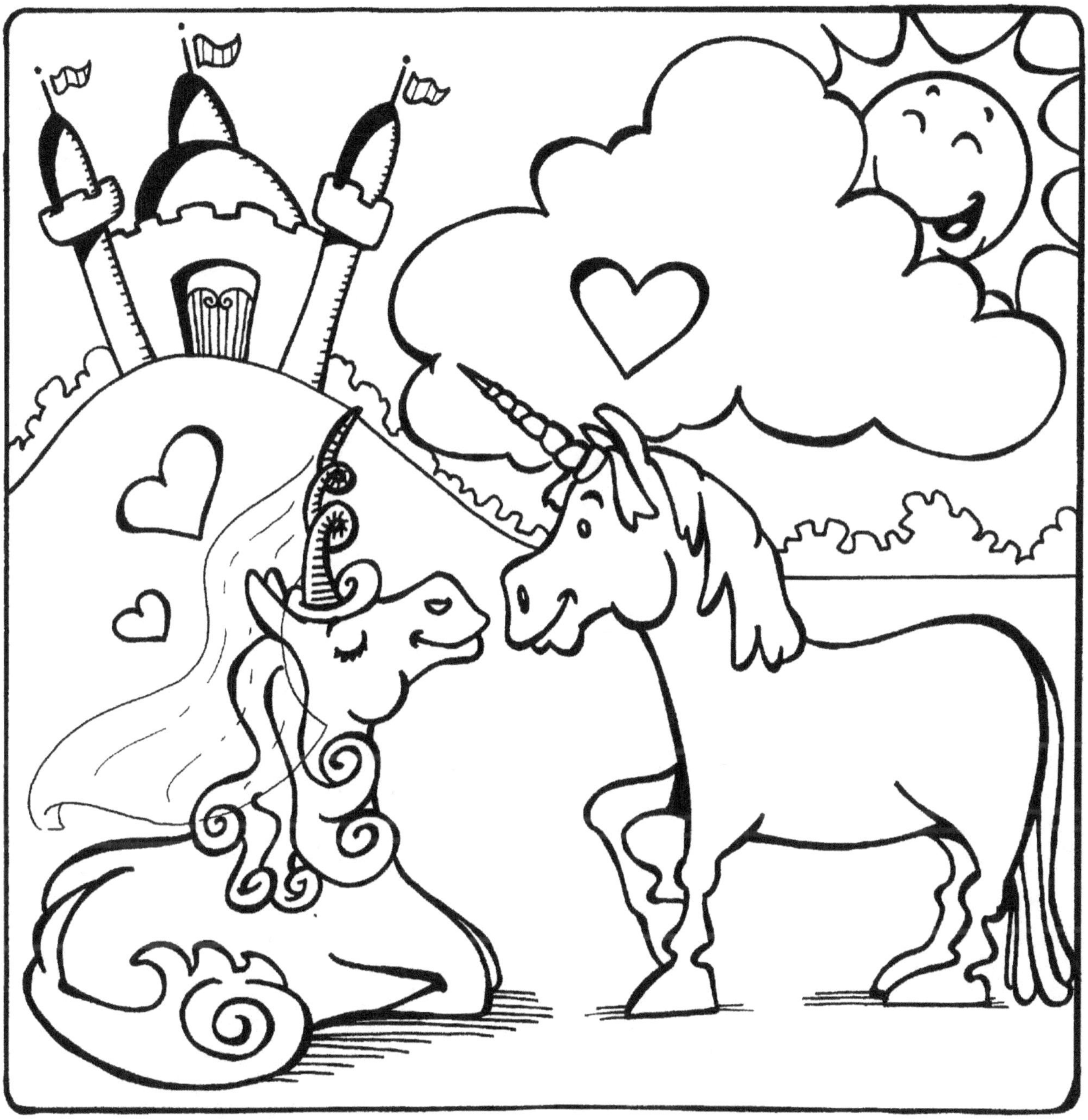

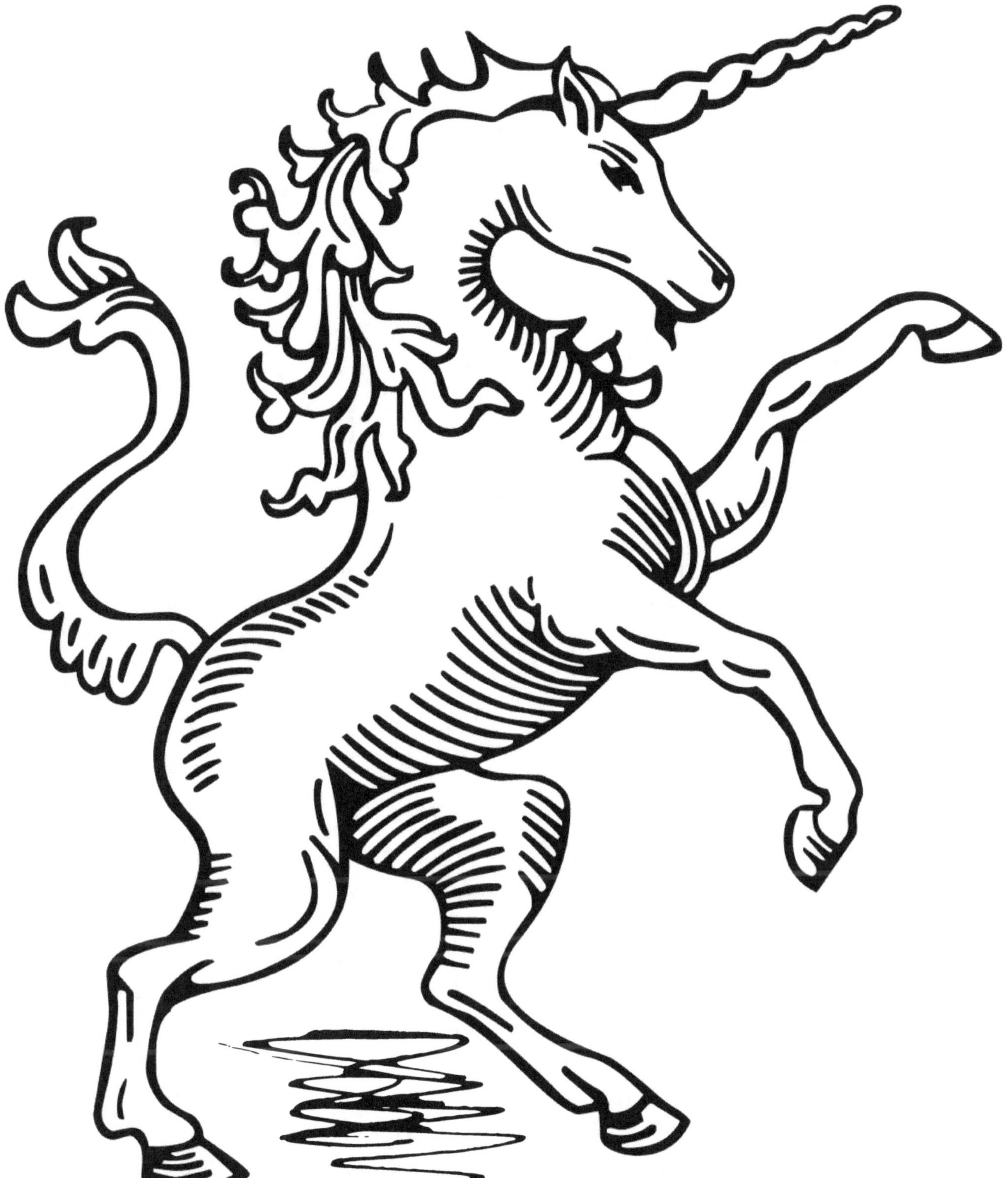

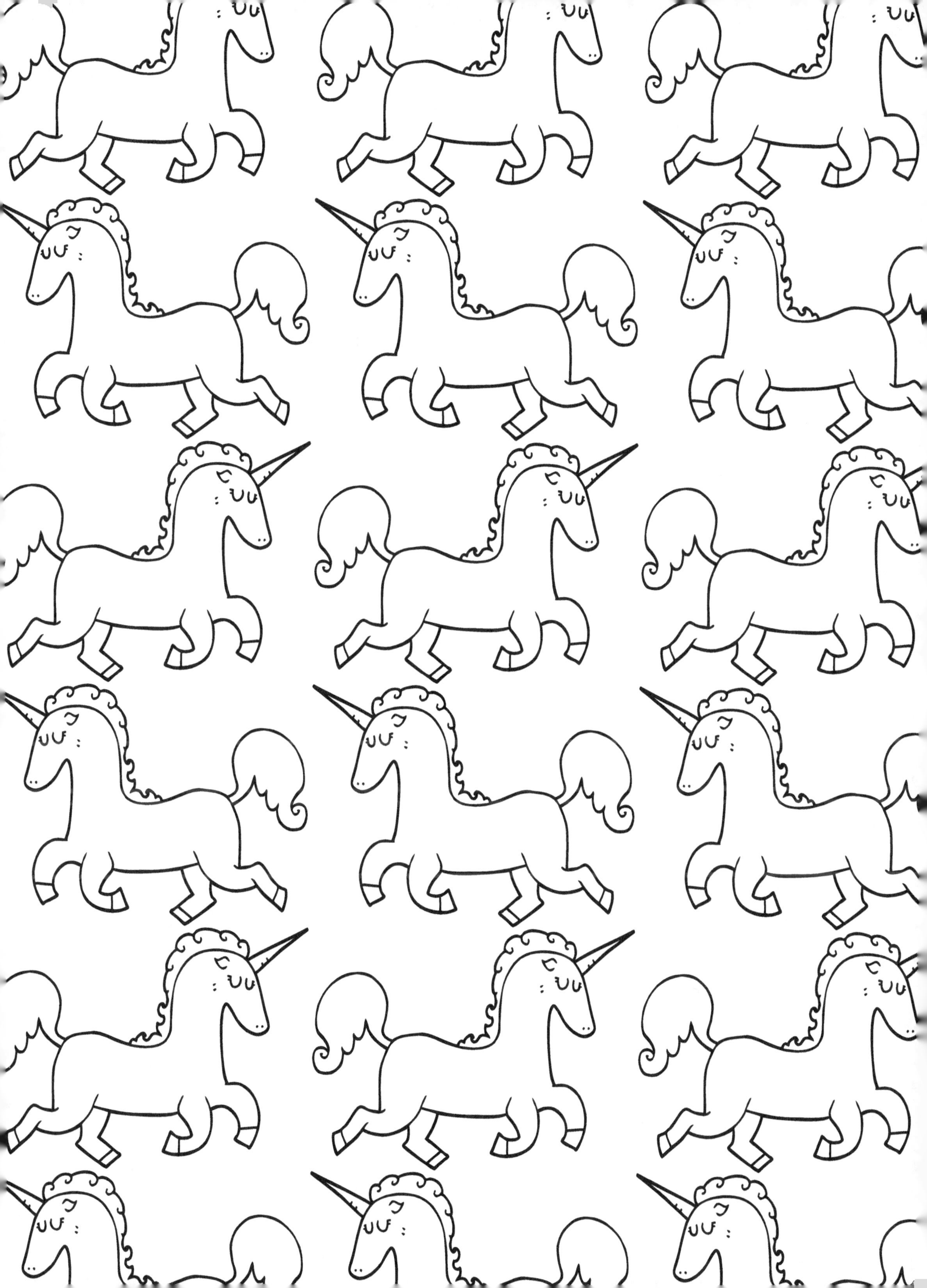

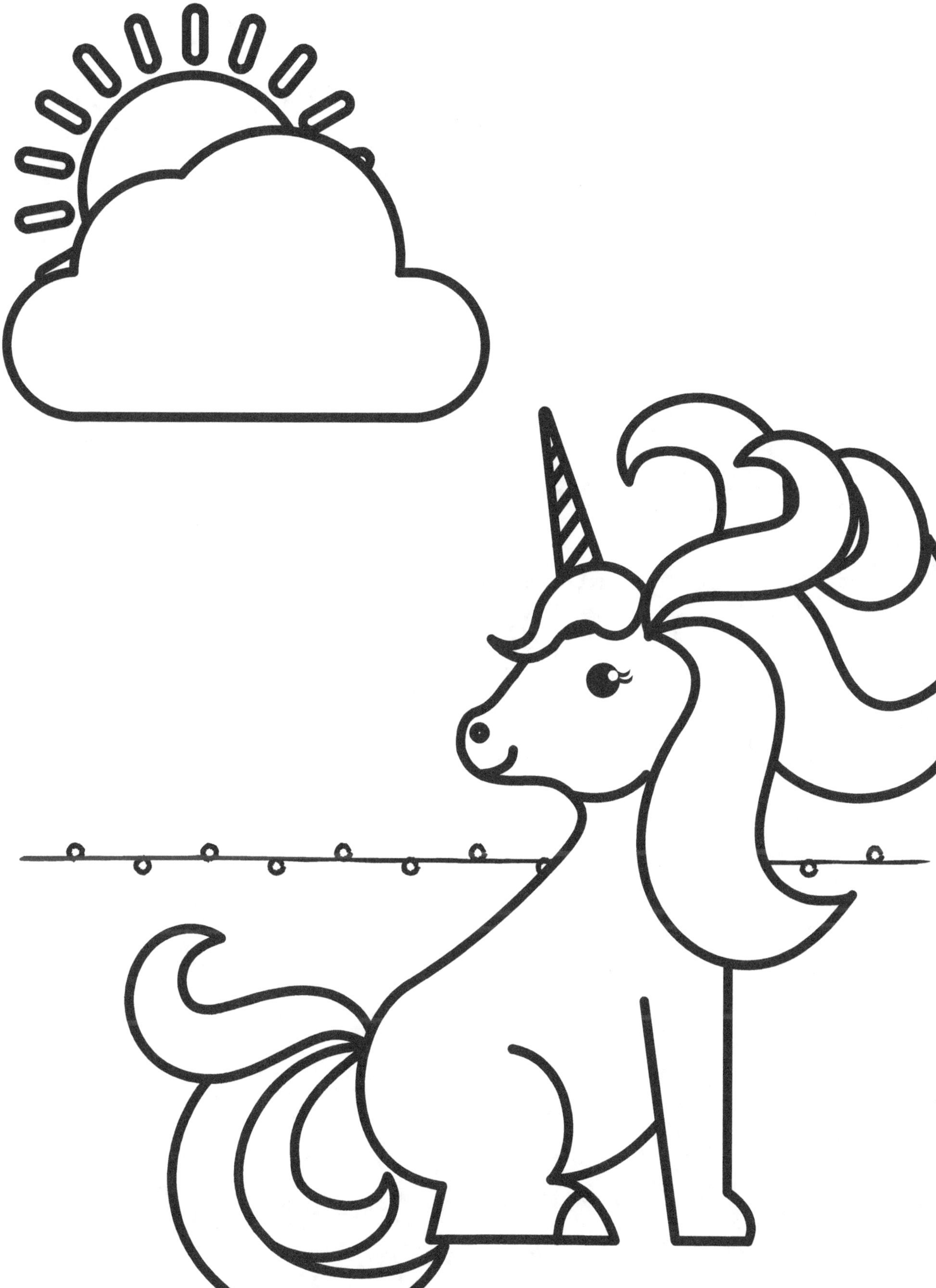

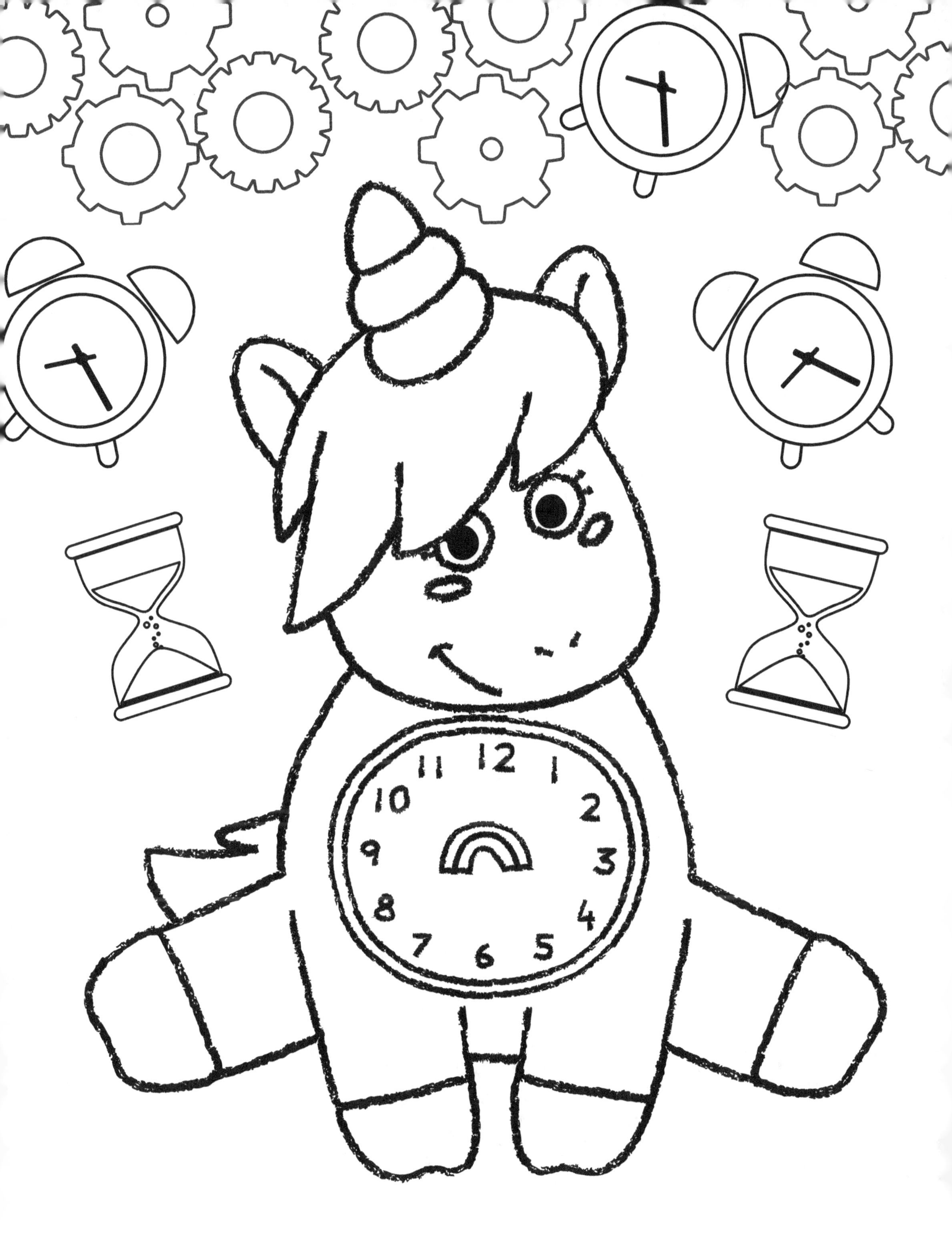
12
11
1
10
2
9
3
8
4
7
6
5

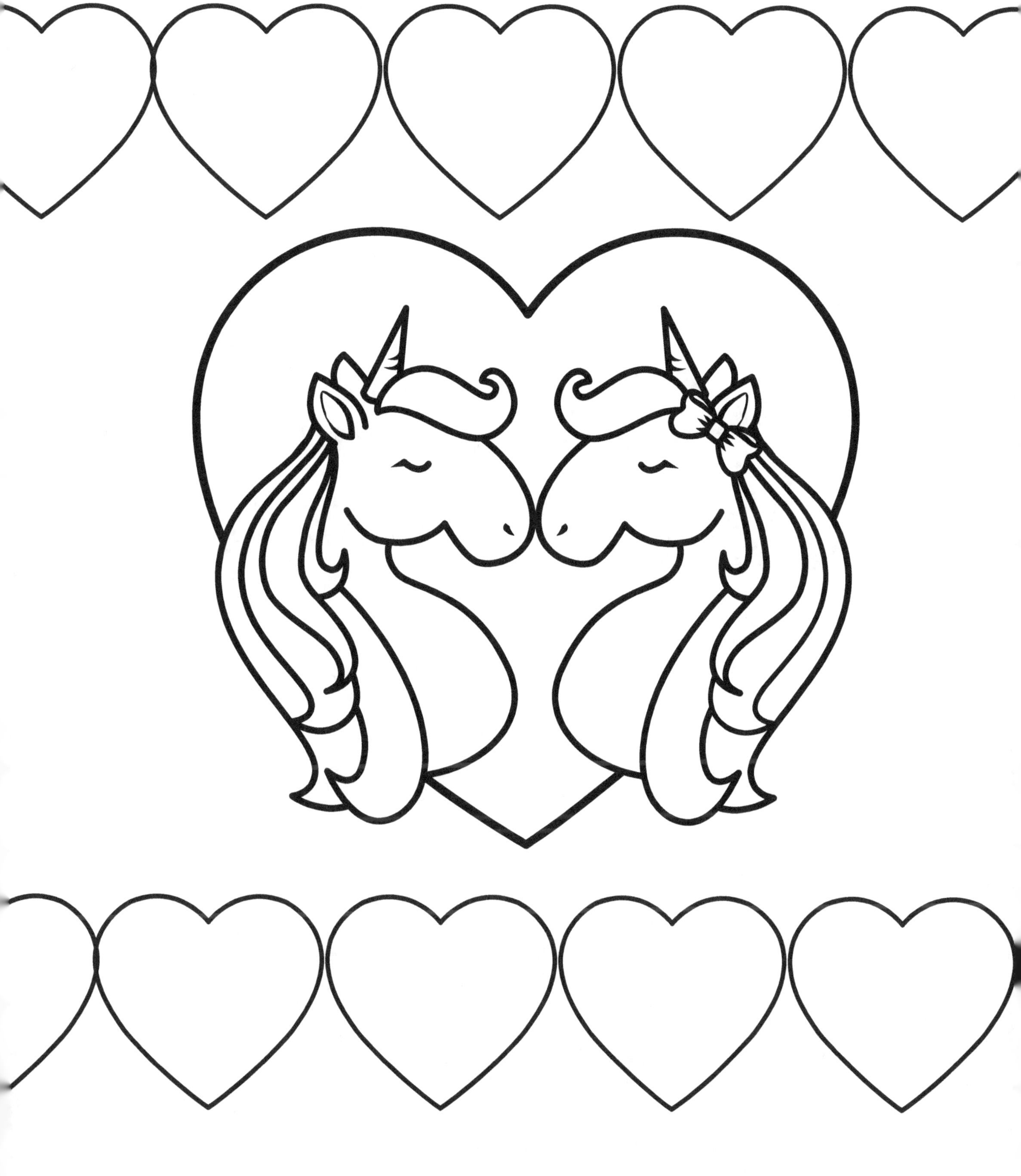

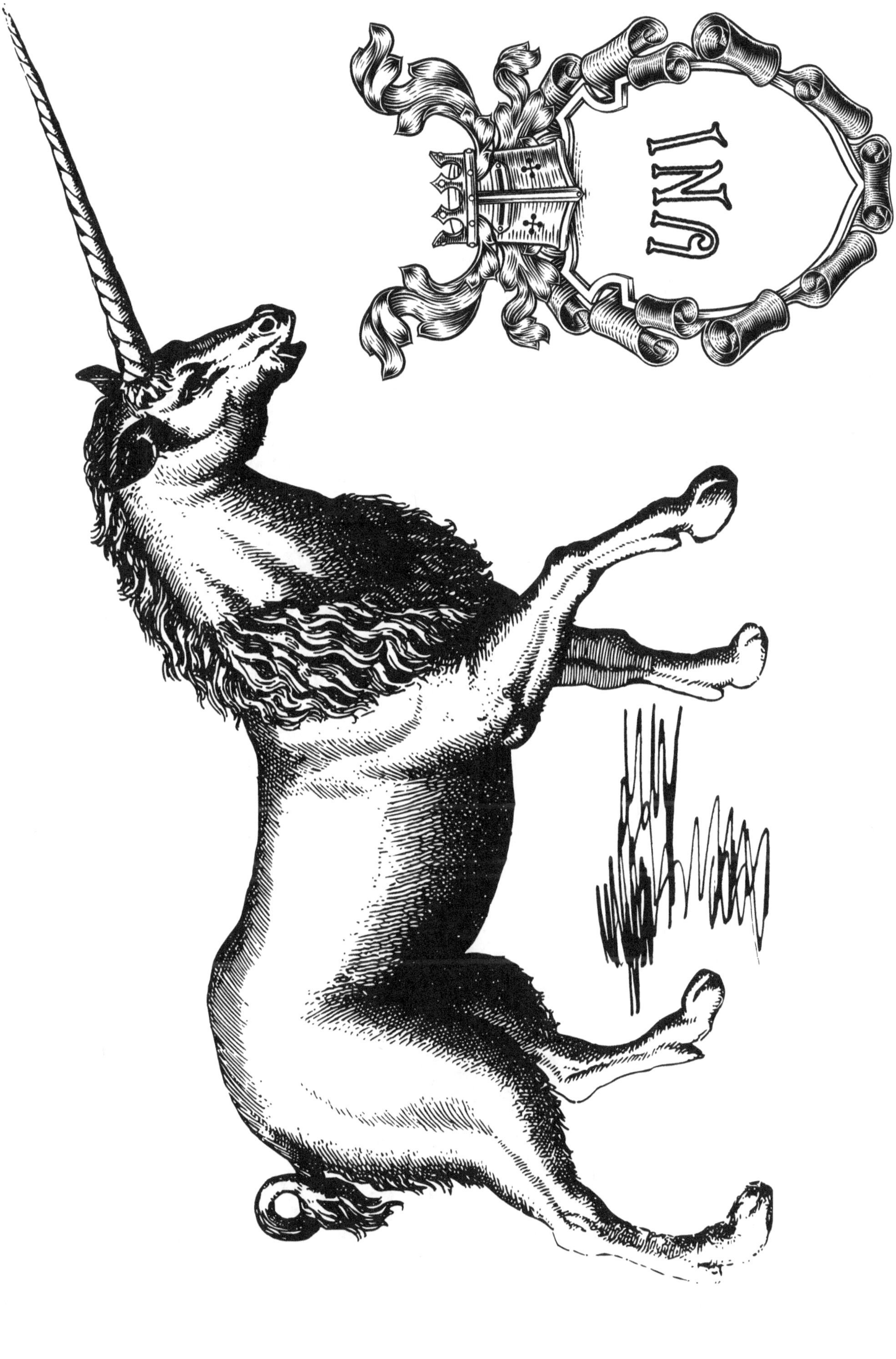

www.ingramcontent.com/pod-product-compliance
Lightning Source LLC
Chambersburg PA
CBHW081447220526
45466CB00008B/2536
* 9 7 9 8 5 0 3 7 0 3 9 6 2 *